Marie-Luise Marjan

Was mein Herz bewegt

Marie-Luise Marjan

Was mein Herz bewegt

Ullstein

Die Deutsche Bibliothek – CIP-Einheitsaufnahme
Marjan, Marie-Luise:
Was mein Herz bewegt / Marie-Luise Marjan. – Berlin : Ullstein,
1998
ISBN 3-550-08260-6

Satz: Dörlemann Satz, Lemförde
Druck und Bindung: Grafische Betriebe Pößneck
Ein Mohndruck-Betrieb
Printed in Germany 1998
ISBN 3 550 08260 6

Gedruckt auf alterungsbeständigem Papier mit chlorfrei
gebleichtem Zellstoff

Inhalt

Liebe Leserin! Lieber Leser!

Wie oft habe ich diese Anrede schon gebraucht, seit eine Redaktion mich ansprach: »Können Sie sich vorstellen, für uns eine Kolumne zu schreiben, in der Sie die Leserinnen und Leser an Ihren Gedanken, Wünschen und Hoffnungen teilnehmen lassen?«

Ich freute mich über das Vertrauen und war doch gleichzeitig besorgt: Wird es mir gelingen, den richtigen Ton zu treffen? Ist die Verantwortung nicht zu groß? Schließlich handelt es sich hier ja nicht um einen Brief an einen vertrauten Menschen, bei dem es auf das eine oder andere Wort nicht so genau ankommt.

Während ich darüber nachdachte, bemerkte ich, daß ich meine Mitmenschen plötzlich schärfer beobachtete und Szenen und Geschichten in meinem Kopf entstanden. Die galt es nun in eine Form zu bringen. Etwas zum Schmunzeln sollte es sein, aber auch etwas Besinnliches zum Nachdenken. Und meine positive Lebenseinstellung sollte sich unbedingt in den Texten widerspiegeln.

Ich schrieb auf, was jedem von uns passiert, was leicht nachzuempfinden ist, wobei das Herz sagt: Das kenne ich, das ist mir vertraut. Liebe Leserin, lieber Leser, tut es nicht gut, wenn wir eigene Gedanken und Empfindungen bestätigt bekommen, wenn ein anderer uns gewissermaßen »in die Seele schaut«? Wir fühlen uns nicht mehr so allein, können Zwiesprache halten mit dem anderen und mit uns. Wir können uns auseinandersetzen mit dem, was wir lesen, oder uns einfach zurücklehnen und sagen: »Ja, so ist es, genau so!«

Ich wünsche Ihnen viel Spaß beim Lesen und viele gleichklingende Entdeckungen.

Herzlichst
Ihre

Marie-Luise Marjan

Sind wir noch hilfsbereit?

Geht es Ihnen auch manchmal so? Nach einer anstrengenden Woche in der Stadt machen Sie einen Ausflug aufs Land und fühlen sich mit einemmal wie ausgewechselt. Es ist nicht nur die Natur, die unsere Sinne streichelt, sondern auch die heimelige Atmosphäre in den Dörfern. Kleine Orte, wo die Menschen noch echte Lebensgemeinschaften bilden. Weil sie mehr aufeinander angewiesen sind als in der kalten Anonymität der Großstädte. Das stärkt das Zusammengehörigkeitsgefühl. Und somit auch die Hilfsbereitschaft.

Manchmal wünsche ich mir, daß wir alle wieder mehr aufeinander angewiesen wären. Wie hilfsbereit sind wir eigentlich noch in der Hektik des Alltags, die uns oft blind macht für die Sorgen, Nöte und Hilflosigkeit des anderen? Meistens sind es nur noch

Krisensituationen, die uns flüchtig mit dem Schicksal der Mitmenschen verbinden. Zum Beispiel, wenn jemand verunglückt oder plötzlich schwer erkrankt. Dann helfen wir spontan. Die ganz alltäglichen Sorgen und Schwierigkeiten »der anderen« übersehen wir jedoch meist geflissentlich. So wie oft auch unsere stummen Hilferufe einfach ignoriert werden.

Anteil nehmen, ohne aufdringlich zu sein: Wahre Hilfsbereitschaft hat mit Einsatz und Opfer zu tun. Sie erfordert die Bereitschaft, sich Zeit zu nehmen für fremde Sorgen und Kümmernisse. Und sie verlangt schnelle Entscheidungen. Was ist wichtiger – die unglückliche Freundin, die weinend vor der Tür steht, oder der Suppentopf, der gleich überkocht? Wir sollten öfter mal über den »Gartenzaun« schauen, um zu erfahren, wie es dem Nachbarn geht. Dann ließe sich manches Problem schon im Vorfeld beseitigen.

Der ewige Wettlauf
gegen die Zeit

Schon morgens ist unser Tagesablauf nur von einem bestimmt: der Hetze. Wir hasten ins Bad, trinken unseren Kaffee auf die Schnelle im Stehen und eilen dann mit Auto, Bus oder U-Bahn zur Arbeit. Wenn im Büro das Telefon ständig klingelt, der Chef uns neue Aufgaben »aufs Auge drük- ken« will und uns Kollegen um einen Gefal- len bitten, reagieren wir schnell gereizt: »Keine Zeit!« Abends fallen wir erschöpft ins Bett und fühlen uns wie gerädert. Ganz klar: Wir haben wieder einmal den ewigen Wettlauf gegen die Zeit verloren. So viele Dinge, die unerledigt blieben, Menschen, die man kurz »abgefertigt« hat.

Natürlich hat jeder von uns ein Verpflich- tungs-Korsett, aus dem man nicht so einfach »aussteigen« kann. Die junge Mutter mit den zwei Kindern kann ihre Kleinen eben nicht in die Ecke stellen, wenn sie mal Zeit für sich braucht. Doch unabhängig davon übernehmen wir zusätzliche Verpflichtungen, die unseren Zeitplan noch stärker festlegen. Und genau mit diesen freiwilligen Terminen sollten wir sorgfältiger umgehen.

Schließlich ist unsere Zeit kostbar, und wir müssen lernen, uns nicht selbst ständig zu überfordern. Die Gewichtung ist entscheidend. Wir schaden uns nur selbst, wenn wir aus Angst, etwas zu versäumen, von einem Termin zum nächsten hetzen. Am Ende haben wir tausend Dinge erlebt, aber nichts davon richtig genossen. Ich, zum Beispiel, habe mir fest vorgenommen, nicht mehr soviel zu machen. Für mich ist es wichtig, etwas mit Freude zu tun: ein Waldspaziergang, ein Essen im Restaurant oder ein Treffen mit Freunden. Erst dann kann ich wirklich genießen – und erst dann habe ich den Wettlauf gegen die Zeit gewonnen!

Wieder mal Kind sein für einen Tag

Wir alle kennen ihn, den Stoßseufzer: »Ach, wenn man doch bloß wieder Kind sein könnte – und wenn auch nur für einen Tag!« Der Gedanke an die wundervolle Zeit unserer Kindertage bewegt uns immer dann, wenn uns die Sorgen über den Kopf zu wachsen drohen. Tagaus, tagein müssen wir als Erwachsene Entscheidungen von weitreichender Bedeutung treffen, wir übernehmen Verantwortung für uns und andere und machen dabei natürlich auch Fehler. Kein Wunder, daß uns manchmal einfach alles zuviel wird.

Wie verlockend ist da der Gedanke, einmal wieder so sorgenfrei und unbekümmert zu sein wie ein Kind. So mancher Chefmanager oder Minister wird insgeheim schon öfter mit dieser Idee geliebäugelt haben. Konventionen und Zwänge, die unser Leben streng regeln, gelten für die Kleinen nicht. Sie dürfen so herrlich unbeschwert sein, dürfen auch mal frech sein und vorlaut. Ein Kind zeigt seine Gefühle direkt und ohne Verstellung. Wir Erwachsenen dagegen müssen im Umgang mit anderen oftmals eine Maske tragen, damit wir nicht »anekken«. Das kann sehr kräfteraubend sein. In langen Jahren der Erziehung haben wir gelernt, daß es nicht gut ist, sich »Blößen« zu geben. Also lassen wir das Kind in uns langsam sterben.

Das muß nicht sein! Natürlich können wir nicht immer und überall einfach das sagen, was uns durch den Kopf geht. Aber wir können wieder lernen, die Dinge mit offenen und neugierigen Augen zu betrachten. Schauspieler und Künstler haben sich diese kindliche Seite bewahrt. Auch Sie können es! Das Kind in Ihnen ist noch da, Sie müssen es nur wieder Purzelbäume schlagen lassen …

Stehen Sie zu Ihren Pölsterchen

Kaum sind die Tage des üppigen Festbratens vorbei, geht es wieder los. Von allen Zeitschriften lächeln uns gertenschlanke Models zuckersüß an und machen Werbung für die absolut einmalige Wunderdiät. Das einzige Wunder dabei ist, daß wir uns noch immer einreden lassen, daß nur schlank gleichbedeutend mit schön ist. Als würden wir erst zum Menschen werden, wenn wir uns auf Konfektionsgröße 38 heruntergehungert haben!

Wir probieren Diäten, nehmen ein paar Pfund ab und gleich wieder zu, sobald wir mit dem Kalorienzählen aufgehört haben. Es ist ein Teufelskreis, der uns nicht schön und schlank, sondern unzufrieden und unglücklich macht. Wir haben ein schlechtes Gewissen, wenn wir bei der Verkäuferin mit Mannequinmaßen in der Konditorei ein Stück Schokoladentorte bestellen. Wir schämen uns, wenn wir wieder einmal »schwach geworden« sind, stopfen heimlich Essen in uns hinein – und fühlen uns häßlich.

Was wir bei all den vielen Diäten verlernt haben, ist, auf unseren Körper und seine Bedürfnisse zu hören. Wenn wir uns alles verbieten, leidet nicht nur der Körper, sondern auch die Seele unter Entzug. Wer sich selbst liebt, der kann sich auch hin und wieder eine »Kalorien-Sünde« verzeihen. Nicht ein paar Pfunde zuviel machen uns häßlich, sondern der verbiesterte Ausdruck in unserem Gesicht, weil wir uns alles Schöne verbieten!

Wann lernen wir endlich, zu unseren Pölsterchen zu stehen? Sie sind Teil unserer Persönlichkeit, sie machen uns weicher, warmherziger und signalisieren: Ich liebe das Leben mit all seinen Genüssen. Und diese Ausstrahlung macht schön!

Romantik ist was Wunderbares

Beim Aussortieren meines Kleiderschrankes fiel es mir plötzlich in die Hände: mein Abschlußball-Kleid! Der hellblaue Organzastoff war schon etwas vergilbt, doch die Erinnerungen an das rauschende Tanzfest von einst standen auf einmal wieder ganz lebendig vor mir. Wie mein Herz klopfte, als mir mein Tanzpartner das Bouquet überreichte! Und wie wir dann in einer lauschigen Ecke Händchen gehalten haben. Romantik pur! Das mag kitschig klingen, aber die Zeit verklärt die Erinnerung.

Kitsch, Romantik, Träumereien – all das hilft uns doch, unser tägliches, manchmal unerträglich ernstes und »trockenes« Leben in buntere Farben zu tauchen. In unseren Träumen retten wir uns in eine Welt, in der es keinen Haß, keinen Neid und keine Sorgen gibt. Jeder Mensch muß träumen, sonst

19

wird er krank. Und Romantik ist die Würze jeder Liebe. Auch wenn man schon lange zusammen ist. Mein Bodo überrascht mich auch heute immer wieder mit einem schönen Blumenstrauß. Es sind die kleinen Gesten, die dem Partner zeigen, daß man an ihn denkt, nicht der große Brillantring!

Romantik macht das Leben leichter, weil sie uns in eine heitere Stimmung versetzt. Ein paar duftende Rosenblätter auf die Tischdecke gestreut – das kann Wunder wirken. Sogar Oma hat dann plötzlich wieder diesen Glanz in den Augen. Sie erinnert sich an die Zeit, als sie ein Mädchen war und Opa ihr immer Rosen mitbrachte. Und mit einem Seufzer sagt sie dann vielleicht: »Ach, war das schön, damals …«

Ja, Romantik ist was Wunderbares. Wir sollten sie im Alltag hüten wie einen besonders kostbaren Schatz.

Wir müssen wieder zusammenrücken

Als ich vor einiger Zeit Ostafrika besuchte, fiel mir als erstes Erfreuliches auf: Hier funktioniert die Großfamilie noch so perfekt wie bei uns schon lange nicht mehr. Nur sechs Flugstunden von Deutschland entfernt sind alte Menschen fest eingebunden in das soziale Gefüge, sie werden ganz selbstverständlich von der großen Gemeinschaft »mitgetragen«. Wie traurig ist dagegen unsere Wirklichkeit. Ab Vierzig spart man sozusagen fürs Altersheim. Unsere leistungsorientierte Industriegesellschaft lebt in so starken Zwängen, daß scheinbar kein Platz mehr bleibt für persönliche Fürsorge.

Wie anders war dagegen die Zeit, als ich noch ein kleines Mädchen war. Das Schicksal hatte meinem Opa Fritz eine schwere Last aufgebürdet. Die Gicht hatte seinen Körper so verkrümmt und unbrauchbar gemacht, daß er über zwanzig Jahre lang an sein Bett gefesselt war. Doch niemand wäre auf die Idee gekommen, ihn in ein Altersheim abzuschieben.

Das Bett von Opa Fritz stand in einem Durchgangszimmer. Um ihn herum »tobte« das Leben, und er war glücklich, in dieses bunte Treiben mit einbezogen zu sein. Wer an seinem Bett vorbeiging, streichelte seine Hand, plauderte mit ihm, erzählte ihm Neuigkeiten. Opa Fritz wußte immer genau, was in seiner Familie und in der Welt passierte, weil er ein selbstverständlich akzeptierter Teil des Ganzen war. Voller Dankbarkeit erinnere ich mich an seine klugen, humorvollen Ratschläge und an seine grenzenlose Geduld, wenn ich an seinem Bett saß und mich kindlicher Kummer plagte.

Wir sollten alle wieder ein Stückchen näher zusammenrücken. Einsamkeit tut weh. Und die Jungen von heute sind bekanntlich die Alten von morgen.

Ein Tag für die Liebe

Mit liebevoll entworfenen Werbeplakaten erinnern uns die Blumenläden in Deutschland an ein regelmäßig wiederkehrendes Ereignis: Am 14. Februar ist Valentinstag. Liebende überraschen sich mit duftenden Rosen, innige Freunde schenken sich bunte Sträuße zum Zeichen ihrer Verbundenheit. Ein schöner Brauch. Doch ich muß gestehen: Den Valentinstag haben mein Freund Bodo und ich meistens vergessen – und dabei nicht einmal ein schlechtes Gewissen gehabt.

Mein Beruf bringt Zeiten der Trennung mit sich. Um so größer ist dann unsere Wiedersehensfreude. Wenn man glücklich ist, wieder beieinander zu sein, dann ist jeder Tag ein »Valentinstag«.

Vielleicht gehören auch Sie zu den Menschen, die den Blumengruß am 14. Februar schon total vergessen haben. Kein Grund, ein schlechtes Gewissen zu verspüren, nach Ausreden und Entschuldigungen zu suchen. Denn »Valentinstag« sollte nicht nur einmal im Jahr sein. Menschen, die uns etwas bedeuten, freuen sich immer über Worte wie: »Ich mag dich. Wie schön, daß es dich gibt.«

Valentinstag ist der Tag der Liebe. Doch wie traurig wäre die Welt, wenn wir nur an diesem einen Tag nett zueinander wären.

Freude schenken ist etwas Wunderbares, und wir sollten es so oft wie möglich tun. Denn diese Freude kehrt bekanntlich ins eigene Herz zurück. Es macht mich froh, das Leuchten in den Augen einer Freundin zu sehen, wenn ich sie ganz unerwartet mit einer Aufmerksamkeit überrasche. Oder das stille Lächeln um den Mund des geliebten Menschen, wenn er sich geborgen fühlt. Und das nicht nur einmal im Jahr am Valentinstag.

Die beste
Freundin

Sie ist unser Rettungsanker und unser Zaubermittel, wenn nichts mehr hilft. Sie leiht uns ihr Ohr, wenn ein Ehemann sich schon längst hinter der Zeitung verkrümelt hätte, und sie weiß Rat, wenn wir nicht wissen, ob wir lieber ein durchsichtiges Negligé oder einen Schlafanzug kaufen sollen. Die beste Freundin ist immer für uns da, kurz: Sie ist unsere Begleiterin in guten wie in schlechten Tagen. Aber genau darin liegt auch eine große Gefahr. Die beste Freundin sollte nicht zum bequemen »Sorgenentlader« werden. Das würde sie überfordern – schließlich ist auch sie nur ein Mensch. Auch die beste Freundin kann sich mal irren – und selbst sie ist nicht gegen »Ausrutscher« gefeit. Für immer schweigen wie ein Grab können sowieso nur die wenigsten …

Wenn wir mit allem erst zu unserer

Freundin rennen, bevor wir uns selbst die Gelegenheit geben, über unsere Probleme nachzudenken, machen wir uns zu abhängig von diesem einen Menschen und seinem Urteilsvermögen. Eine Freundin ist wichtig, weil wir bei ihr unsere Gedanken aussprechen dürfen. Wir können mit ihr allerhand unternehmen, Hobbys pflegen oder einfach mal ins Café gehen. Mit der besten Freundin sollten wir uns ergänzen und uns gegenseitig austauschen, aber wir sollten sie nicht ständig belagern.

Ich habe zum Beispiel mehrere »beste Freundinnen« noch aus der Schulzeit. Wenn ich Zeit habe, treffe ich mich mit ihnen reihum. So konzentriert sich meine Aufmerksamkeit nicht nur auf eine einzige Person. Wir sind uns nah, aber wir hängen nicht ständig aufeinander. Ich sage immer: Eine Frau braucht drei Dinge – einen Mann und mindestens zwei gute Freundinnen!

Ein Sonntag
im Bett

Der Frühling lockt mit Sonnenschein und Wärme – das ideale Wetter für einen wunderschönen sonntäglichen Spaziergang. Was aber tun, wenn man am Sonntagmorgen den Rolladen hochzieht und alles grau in grau ist? Damit der Trübsinn dann nicht auch in Ihre Seele einzieht, verrate ich Ihnen jetzt mein Geheimrezept. Ein richtig »fauler« Sonntag hilft, die Batterien wieder aufzuladen. Vielleicht erinnern Sie sich noch an den Wencke-Myhre-Schlager »Ein Sonntag im Bett«? Genauso halte ich es auch, wenn es draußen Hunde und Katzen regnet.

Es gibt doch nichts Schöneres, als sich nach dem Aufwachen genüßlich auf die andere Seite zu drehen und den lieben Gott einen guten Mann sein zu lassen! Man steht irgendwann auf, holt sich eine dampfende Tasse Kaffee und ein Croissant zusammen mit Zeitschriften ins Bett und frühstückt erst einmal in aller Ruhe. Und während drumherum die sonntägliche Hektik ums Mittagessen beginnt, gönnt man sich die neue Klassik-CD, die man immer schon mal anhören wollte. Herrlich!

Zeit zu haben. Zeit zum Radiohören, zum Nachdenken, zum Tagträumen, Zeit für die Liebsten. Wie schön, wenn am Sonntagmorgen die Familie im Bett mal wieder richtig kuschelt. Im Alltag mangelt es dafür viel zu oft an Gelegenheit.

Gut, den ganzen Tag halte ich es auch nicht im Bett aus – da macht mein Kreislauf nicht mit –, aber diese paar Stunden am Morgen ohne Streß beruhigen mich mehr als jeder Yoga-Kurs. Und außerdem kann ich dann auch endlich diesen spannenden Roman fertig lesen. Es geht eben nichts über einen gemütlichen Sonntag im Bett!

Wenn der Mensch
Gott spielt ...

Die Nachricht schien aus einem Horrorfilm zu stammen: In Schottland hatte man zum erstenmal ein Schaf geklont. »Klonen« ist ein Begriff aus der Biologie und macht das Grauen alltäglich. Das Schaf »Dolly« hatte nämlich weder eine Mutter noch einen Vater. Es war ein künstlich gezeugter und genauer Doppelgänger eines anderen Schafes. Welch schreckliche Realität!

Durch den Fortschritt der modernen Wissenschaft könnte es bald möglich sein, jeden von uns zu kopieren. Wenn wir mal keine Lust auf Büroarbeit haben, könnten wir statt dessen unseren »Klon« hinschikken. Das mag verlockend scheinen. Aber wer bewahrt uns vor Mißbrauch? Wie leicht wäre es, die Menschen, die sich als besonders durchsetzungsstark und gesund erwiesen haben, tausendfach zu reproduzieren oder besondere Talente zu vervielfältigen und zu kopieren.

Skrupellose Mediziner sollten nicht die Möglichkeit haben, um der Wissenschaft willen Geschöpfe zu manipulieren. Ärzte leisten den hippokratischen Eid, der besagt, daß sie ihre Kenntnisse zum Wohle der Menschheit einsetzen. Aber wären solche künstlich geschaffenen Wesen noch zu unserem Wohle? Es ist die vorrangigste Aufgabe der Medizin, Menschenleben zu erhalten – von Verdoppelung, von Klonen steht da nichts. Mit solchen Eingriffen würde das natürliche Gleichgewicht dramatisch verändert. Wir müssen aufhören, Gott spielen zu wollen. Die Natur kann auch ohne uns fortbestehen. Aber können wir das, was wir jetzt mit unserem Fortschrittseifer angezettelt haben, wirklich noch unter Kontrolle bringen …?

Augen sind die
Fenster zur Seele

Sie können nicht lügen. Auch wenn wir uns noch so sehr anstrengen, die Wahrheit zu verbergen, unsere Augen zeigen immer am direktesten, was in uns vorgeht. Wenn unsere Seele stumpf ist, werden auch die Augen trübe. Kummer und Trauer lassen uns Tränen in die Augen treten. Glück bringt sie zum Strahlen. Die Augen sind die Landkarte unserer Gefühle, an ihnen läßt sich jede Regung deutlich ablesen.

Nicht umsonst spricht man von der Liebe auf den ersten Blick oder von Augen, die uns mit ihrer Intensität fesseln. Aber die schönen, mild blickenden Augen können auch stechend sein und böse. Ein Blick kann den Gegner durchbohren, ihn zum Schweigen bringen. Manchmal spricht man auch davon, daß Augen Blitze schicken können. Wir erschauern dann vor der Kraft der

Emotionen, die hinter diesem Blick steht. Und denken Sie an die berühmte Szene aus »Casablanca«! Wer erinnert sich nicht an Humphrey Bogarts berühmte Abschieds- worte zu Ingrid Bergman: »Ich schau' dir in die Augen, Kleines.« Die Augen und ihre ge- heimnisvollen Kräfte faszinieren uns.

Wir können unser Gesicht noch so gut maskieren, die Augen sagen immer die Wahrheit, sie sind und bleiben die Fenster zu unserer Seele. Von zuviel Ärger, Streß und Sorgen können sie »blind« werden. Dann hilft nur eines: »Hausputz«! Wie beim Frühjahrsputz, wo wir frischen Wind in die wintermüde Wohnung bringen, müssen wir ab und zu auch unsere Seelenfenster »put- zen«. Die innere Reinigung hilft uns beim Verarbeiten von Problemen. Mein Tip: Ge- hen Sie raus in die Natur. Sehen Sie sich eine grüne Wiese an, lernen Sie wieder, was es heißt, die Fenster zur Seele zu öffnen.

Frühling, ja
du bist's ...

Dieser Tage fuhr ich mit dem Wagen von meiner Wohnung in Hamburg zu den »Lindenstraße«-Dreharbeiten nach Köln. Eine Strecke, die ich oft zurücklegen muß und die manchmal kein Ende zu nehmen scheint. Doch diesmal kam mir die Fahrt wie eine Lustreise vor.

Mit jedem Kilometer, den ich weiter nach Süden kam, schien ich den frostigen Gesellen Winter mehr hinter mir zu lassen. Und mit jedem Kilometer wurde mir leichter ums Herz.

Frühling, ja du bist's! Das erste zarte Grün der Bäume, das immer kräftiger wird, je weiter man sich vom Norden entfernt. Das leuchtende Gelb der Forsythien, an dem man sich nicht satt sehen kann. Die farbenprächtigen Krokusse, die, dicht nebeneinander stehend, wie ein bezaubernder

Teppich wirken. Wie losgelöst fühlt man sich von den kleinen und großen Sorgen des Alltags. Nach dem langen, bitterkalten Winter sind wir endlich am Ende eines dunklen Tales angelangt.

Frühling ist wie eine wunderbare Sinfonie. Wenn die Sonne die Nebelfelder besiegt und ihre Strahlen uns wärmen, verschwinden die letzten düsteren Gedanken. Frühling bedeutet Aufbruch, Hoffnung, Freude. Keine andere Jahreszeit ruft in mir ein so intensives Glücksgefühl hervor. Und vielen Menschen ergeht es im Frühling genauso wie mir.

Selbst unsere Gesichter scheinen sich bei all dem Grünen und Blühen rings um uns her auf wundersame Weise mitzuverwandeln. Nachbarn grüßen freundlicher, und der nette Herr an der Tankstelle läßt mir den Vortritt. Sogar notorische Pessimisten sehen das Leben in helleren Farben.

Ja, Frühling, du hast die Kraft, uns zu be- und verzaubern!

Das Handy –
mein liebster Feind

Richtig schrill war der Ton. So schneidend, daß er mir durch und durch ging. Von meinem Buch hochgeschreckt, sah ich mich in der Bahnhofswartehalle um. Was war das? Eine Sirene, eine Durchsage? Das Schrillen kam hinter einem Betonpfeiler hervor. Es verstummte urplötzlich. Statt dessen war eine laute Stimme zu hören: »Schatz, ich bin's. Der Zug hat zehn Minuten Verspätung. Ich melde mich bei dir, wenn ich abfahre.«

Ehrlich gesagt, die Frau tat mir leid! Die saß wahrscheinlich jetzt daheim neben dem Telefon und wartete darauf, daß ihr mit dem Handy »bewaffneter« Ehemann sich wieder bei ihr meldete. So rund um die Uhr verfügbar sein zu müssen ist auch nicht gerade eine angenehme Vorstellung. Dem Partner wird doch, wenn man ihn alle zehn Minuten anruft, die ganze Vorfreude verdorben. Zwischen überschwenglichem Mitteilungsbedürfnis und reiner Tyrannei sind die Grenzen oft fließend. Sicher, mit einem Handy hat man stets das Gefühl, erreichbar zu sein und andere erreichen zu können – aber muß das denn auch wirklich sein? Und die Inhalte solcher Minimal-Gespräche werden auch immer banaler und oberflächlicher. Da werden Uhrzeiten ausgetauscht und Kilometerstandanzeigen – von echter zwischenmenschlicher Begegnung keine Spur.

Doch das Handy hat auch gute Seiten. Wenn man Augenzeuge eines Unfalls wird, kann man schneller Hilfe herbeirufen – vielleicht entscheidende Minuten. Oder stellen Sie sich vor, Sie verirren sich im Gebirge, weit und breit keine Menschenseele. Dann könnten Sie mit Ihrem Handy ein Lebenszeichen geben. Wenn Sie zufällig eines dabeihaben sollten …

Guten
Gen-Appetit!

Ich gehe leidenschaftlich gern im Supermarkt einkaufen. Meine erste Station: die Obst-und-Gemüse-Abteilung. Ich kann mich nicht satt sehen an knackigen Salaten, exotischen Früchten und köstlichem Gemüse. Grün, Gelb, Rot, Orange – ein wahrer Farbenrausch für die Augen! Nehme ich jetzt die vier prallen Tomaten oder doch lieber die leckere Salatgurke? Und Erdbeeren gibt es auch schon …?

Ich habe die perfekt aussehenden Köstlichkeiten bereits in meinem Wagen, als mir meine innere Stimme rät innezuhalten. Wer weiß, so sagt sie mir, was die mit den Früchten angestellt haben. Man hört und liest soviel in letzter Zeit. Von chemischen Stoffen, mit denen Obst und Gemüse behandelt werden, damit sie besonders farbintensiv aussehen. Genmanipulierte Lebensmittel

sind auf dem Vormarsch. Sogar in der Baby-
nahrung soll das Zeug verarbeitet werden.
Die Vorteile der »behandelten« Waren werden vollmundig gelobt: Obst, das wochen-
lang frisch bleibt und nicht schimmelt.

Aber mal ehrlich, welchen Nutzen soll
das haben? Wenn ich mir »Grünzeug« kaufe,
dann doch deshalb, weil ich frische, natürliche Ware schätze und mich gesund ernäh-
ren will. Wenn nun aber selbst Obst und
Gemüse chemisch aufbereitet werden, was
soll daran noch gesund und natürlich sein?
Dann kann ich auch gleich zu Vitaminen in
Tablettenform greifen.

Wir Verbraucher werden diesem Irrsinn
nur entgehen, wenn wir bewußt einkaufen –
beim Bio-Bauern auf dem Wochenmarkt.
Damit uns auch in Zukunft nicht der Appetit vergeht.

Muß man immer alles
so schwarz sehen?

Es ist nicht leicht, sich heutzutage noch ein heiteres Gemüt zu bewahren. Täglich stürzt eine Flut bedrückender Nachrichten auf uns ein. Berichte über Kriege, Umweltkatastrophen und Armut bedrohen unser seelisches Gleichgewicht. Um so schlimmer, wenn sich dann noch Miesmacher und Weltuntergangs-Propheten aufmachen, uns den Rest zu geben. Gemäß der Devise »Das Ende ist nah« reden sie uns Zukunftsängste ein, von denen wir uns nur mit großer Mühe wieder befreien können. Ich erinnere mich noch gut an ein Lied, das wir als Kinder gesungen haben: »Am dreißigsten Mai ist der Weltuntergang, wir leben nicht mehr lang, wir leben nicht mehr lang …« Einige Jahre hindurch fürchtete ich mich tatsächlich vor diesem Tag, da ich den Text des Liedes für bare Münze nahm.

Auch als Erwachsene sind wir relativ einfach zu beeinflussen. Vor allem labile und einsame Menschen sind gefährdet, den eindringlichen Ausführungen der Pessimisten zu erliegen. Natürlich ist ein überzogener Optimismus nicht die passende Antwort auf düstere Visionen. Man muß der Wirklichkeit schon ins Auge blicken können. Arbeitslosigkeit beispielsweise ist eines der größten gesellschaftlichen Probleme unserer Zeit. Hier sind allzu sorglose Prognosen ebenso fehl am Platz wie schwarz in schwarz gehaltene Voraussagen. Wer sich von Pessimisten einfangen läßt, gerät in ein Netz aus Angst und Orientierungslosigkeit. Dies wiederum treibt viele in die Arme von dubiosen Heilsverkündern, die mit der Unsicherheit der Menschen Geschäfte machen. Nur wer Dinge kritisch beobachtet und sie mit gesundem Menschenverstand beurteilt, gibt Pessimisten keine Chance.

Wahre Liebe
fordert nicht

Ein Mann, in der Blüte seiner Jahre, stürzt vom Pferd und ist seither fast bewegungslos an den Rollstuhl gefesselt. Dieses Schicksal erlebte der Schauspieler Christopher Reeve. Es hat uns alle persönlich erschüttert. Wie leblos hatte er tagelang an die Decke gestarrt und an Selbstmord gedacht. Das Leben schien für ihn völlig wertlos geworden zu sein.

Doch dann sagte seine Frau Dana zwei Sätze zu ihm, die seine Todessehnsucht aus seiner Seele verbannten: »Du bist immer noch du. Und ich liebe dich.«

Diese Liebe beweist Dana Reeve jeden Tag aufs neue. Der hilflose Mensch im Rollstuhl ist zu ihrem einzigen Lebensmittelpunkt geworden. Sie ist Tag und Nacht für ihn da. Ihre Liebe gibt ihm die Kraft, sein schweres Schicksal anzunehmen. Daß der

Überlebenswille ihres Mannes gesiegt hat, ist für sie das schönste Geschenk.

Das Beispiel von Dana Reeve zeigt: Wahre Liebe fordert nicht. Sie ist die wohl vollendetste Form der Liebe, weil sie gibt und nicht nach Gegenleistung fragt.

Liebe, die nicht mehr fordert, die in Weisheit übergeht: In uns allen steckt die tiefe Sehnsucht nach einem so selbstlosen und reinen Gefühl. Aber zwischen Ideal und Wirklichkeit liegt noch immer eine Kluft. Liebe hat bekanntlich viele Gesichter, und das, was wir Liebe nennen, hat mit Liebe oft gar nichts zu tun. Weil wir egoistisch denken und handeln, Liebe mit Macht verwechseln und oft sogar aggressiv auf unseren vermeintlichen Ansprüchen bestehen. Die gebende Liebe einer Frau wie Dana Reeve – sie muß uns alle ein bißchen beschämen.

Wie Neid unser
Herz vergiftet

In meiner Nachbarschaft wohnt eine tüch-
tige Hausfrau mit ihrem Mann, den beiden
kleinen Söhnen und einer Tochter. Eine Bil-
derbuchfamilie in einem schmucken Rei-
henhäuschen. Der Ehemann ist verständnis-
voll, fleißig und hilfsbereit, die Kinder sind
wohlgeraten. Und dennoch blickt Frau X.
manchmal voller Neid auf die ledige, etwa
gleichaltrige Nachbarin, der es scheinbar
viel besser geht als ihr.

Diese Nachbarin kann sich jede Woche
einen Besuch beim Friseur leisten. Sie trägt
immer teure, hochmodische Kleidung, fährt
häufig in Urlaub. Sie feiert die Feste, wie sie
fallen. Sie kann kommen und gehen, wann
sie will, denn sie lebt allein und ist daher
niemandem Rechenschaft schuldig.

Die Ehefrau mit den drei Kindern be-
schleicht bei soviel scheinbarem Glück ein

Gefühl, das uns allen nicht fremd ist: der Neid. Das Leben dieser Nachbarin erscheint ihr viel attraktiver als das eigene. In ihr nagt das Gefühl, auf unendlich viel verzichten zu müssen. Plötzlich sieht sie das eigene Leben in einem tristen Licht. Das macht sie traurig und unzufrieden.

Neid ist eine urmenschliche Eigenschaft. Aber er vergiftet unser Herz. Weil wir vor lauter Mißgunst die vielen kostbaren Dinge in unserem eigenen Leben übersehen.

Neid entsteht aus dem Empfinden, selbst viel zuwenig erreicht zu haben, während sich andere scheinbar ständig auf der »Überholspur« befinden. Er manövriert uns in eine Sackgasse, weil wir uns wertlos fühlen. Wäre es nicht viel besser, die Kraft, die wir für den Neid aufbringen, in ein positives Gefühl zu verwandeln? Neid macht die Seele stumpf. Aber die Freude, die wir mit anderen teilen, ist doppelte Freude und läßt keinen Platz für Neid.

Gute Manieren sind wieder gefragt

Neulich schwelgte ich mal wieder in einem dieser alten Filme. Ach, waren das Zeiten! Galant half der Herr seiner Dame in den Mantel, hielt ihr die Tür auf und geleitete sie nach draußen. Am Wagen half er ihr beim Einsteigen. Wie anders sehen doch die Filme von heute aus: Er und sie lümmeln am Restauranttisch, beim Abschied schnappt sich jeder seinen Mantel, und draußen gehen beide grußlos ihrer Wege. Moderne Zeiten? Da bin ich doch lieber ein bißchen altmodisch!

Versuchen Sie heutzutage doch mal, schwer bepackt durch die Fußgängerzone zu gehen. Keiner wird Ihnen helfen, alle drängeln sich an Ihnen vorbei. Wer steht denn noch im vollbesetzten Bus auf, um einer älteren Dame Platz zu machen? Dabei braucht es gar nicht viel, um das Miteinan-

der schöner zu gestalten. Gute Manieren er-
leichtern den Umgang miteinander. Sie sind
ein Zeichen der Achtung. Unser Verhalten
zueinander ist so distanziert geworden, daß
es ab und zu ganz gut tut, wenn man sich ein
wenig mehr Aufmerksamkeit schenkt. Gute
Manieren sind eine Frage der Erziehung.
Wer als Kind schon die Füße auf den Tisch
legte, der wird später nicht unbedingt ein
höflicher Mitmensch sein. Aber gerade
diese »Herzensbildung« sagt soviel mehr
über den Menschen aus als alle noch so klugen Sätze. Es geht ja nicht darum, wie ein
dressiertes Äffchen angelernte Höflichkei-
ten immer wieder abzuspulen. Es geht viel-
mehr um die Lebenseinstellung, die dahin-
tersteckt. Wer sensibel ist, ist auch aufmerk-
samer im Umgang mit anderen. Gute Manieren brauchen wir nicht unbedingt zum
Überleben, aber sie sind das Tüpfelchen auf
dem »i« und machen unser Leben leichter.

Ein Brief sagt mehr
als 1000 Anrufe

Fragen Sie sich auch, warum Sie immer weniger Briefe bekommen? Rechnungen, Wurf-
sendungen und manchmal auch Mahnun-
gen erhalten wir regelmäßig. Aber richtig
schöne, lange Briefe – nein, die kriegt man
kaum noch. Woran liegt das eigentlich?

Vermutlich auch ein bißchen an unserer
Bequemlichkeit. Egal, ob wir Tante Erna
zum Geburtstag gratulieren oder schnell
noch eine Verabredung treffen wollen – der
Griff zum Telefon ist fast automatisch. So
ein Anruf stellt die kürzeste Verbindung
zwischen zwei Menschen dar. Das Gegenüber ist sofort erreichbar und kann uns
Rückmeldung geben. Am Telefon können
wir so reden, wie uns »der Schnabel ge-
wachsen ist«, ohne lange nachzudenken. All
das scheint für die moderne Form der Kom-
munikation zu sprechen.

Doch mit dem Drang nach direkter Mitteilung, sei es nun per Fax oder Telefon, berauben wir uns der besinnlichen Momente, die mit dem Briefeschreiben einhergehen. Vor dem eigentlichen Schreiben steht zunächst einmal der Moment des In-sich-Gehens, in dem wir in uns hineinhorchen und unsere Stimmung, unsere Gedanken und Gefühle zu sortieren versuchen. Erst dann suchen wir nach Worten, die das Gefühlte beschreiben. Der Weg vom Hirn über die Hand zum Papier ist wichtig, damit wir uns über bestimmte Dinge klarer werden. Einen Brief schreibt man daher auch immer ein bißchen für sich selbst. Aber man schreibt ihn hauptsächlich, um dem Adressaten einen Teil der eigenen Gedanken und Gefühle zum Geschenk zu machen. Und seien wir mal ehrlich: Gegen einen aus übervollem Herzen verfaßten Brief können selbst 1000 Anrufe nicht ankommen!

Vom Heiligen Geist und den Ochsen ...

Mit Feiertagen sind wir im Mai gesegnet. Da fallen die Pfingsttage im festtäglichen Reigen nicht weiter auf. Im Gegensatz zu den populären »weltlichen« Feiertagen wie Muttertag oder 1. Mai geraten die Pfingsttage immer mehr in Vergessenheit. Wer weiß denn noch, was Pfingsten wirklich bedeutet?

Dabei gibt es noch heute einige Ausdrücke, die uns an dieses Fest erinnern sollen. Jeder kennt zum Beispiel die Pfingstrosen oder den Pfingstochsen. Blumengeschmückt werden junge Rinder in ländlichen Gegenden durch die Dörfer getrieben. Aber was hat der Ochse mit Pfingsten zu tun?

Pfingsten ist seit alters her ein Frühjahrsfest, bei dem die erwachende Natur begrüßt wird. Früher wurden an diesen Tagen die prächtigsten Tiere auf die Weide getrieben. Wer von den Hirten als letzter dort ankam, wurde mit dem Spottnamen »Pfingstochse« bedacht.

Der kirchliche Hintergrund des Pfingstfestes ist schwieriger zu fassen. Genau fünfzig Tage nach Ostern feiern wir die Ausschüttung des Heiligen Geistes über die Gläubigen – das Pfingstfest. Aber wie soll man sich so etwas Abstraktes vorstellen? Und liegt es nicht eben genau daran, daß uns das Pfingstfest nicht mehr so »nah« ist?

Pfingsten heute, das kann auch wieder ein bißchen mehr innere Einkehr sein. Einfach »den Gang herausnehmen« und in die Natur gehen – dann kommen wir dem Gedanken von Pfingsten schon sehr nah …

Die ärgerliche
Mütter-Falle

Die Mutter, die mit ihren beiden Kindern durch die Gänge im Supermarkt hetzt, ist total gestreßt. Im Einkaufswagen quengelt ihr kleiner Sohn, der sein Händchen sehnsüchtig nach den Gummibärchen im Regal ausstreckt. Als sie seinen Wunsch ignoriert, schreit er aus Leibeskräften.

Inzwischen hat die Mutter ihr etwa vierjähriges Töchterchen kurz von der Hand gelassen, um Waschpulver aus dem Regal zu nehmen. Die Kleine nutzt den Augenblick, um blitzschnell zu den Süßigkeiten zu laufen. Bonbons, Schokolade, Kekse – da stehen nun all die Herrlichkeiten in Augenhöhe und Reichweite. Die kleinen Händchen greifen nach dem Schokoriegel, nesteln ungeduldig das Stanniolpapier ab. Die Mutter ist inzwischen atemlos gefolgt, gibt der Tochter einen Klaps auf den Po. Das

Kind schreit, wirft sich auf den Boden, und alle starren die Mutter an, die mit den Nerven am Ende ist.

Der Supermarkt, die Mütter-Falle. Jeden Tag schnappt sie tausendfach zu. Kinder können den süßen Verlockungen in den Regalen nicht widerstehen. Und das gehört zur raffinierten Strategie der Supermärkte. Alles, was Kinderherzen höher schlagen läßt, steht in Augen- und Griffhöhe der Kleinen. Wie oft geben gehetzte Mütter dem Gequengel ihrer Sprößlinge nach, um peinliche Szenen zu vermeiden. Sie erfüllen zähneknirschend die Wünsche ihrer Kinder und bezahlen. Die Rechnung der Verkaufsstrategen geht auf.

Besonders schlimm auch die Fallen direkt vor den Kassen. Während Mami bezahlt, greift der Sprößling noch schnell zum Kaugummi, Lutscher und dem bunten Ball. Und Mutter zahlt!

Macht's den Müttern doch nicht so schwer! Sie haben es weiß Gott schon schwer genug.

Tapetenwechsel ist
gut gegen Frust

Wer kennt sie nicht, die vielen kleinen Ärgernisse, die uns oft den Alltag verdrießen. Meinungsverschiedenheiten mit dem Chef, die laute Musik aus Nachbars Wohnung, ein unbedachtes Wort des Partners, das unfreundliche Verhalten einer Verkäuferin – all das zerrt an unseren Nerven. Wir sind enttäuscht, hilflos oder empört. Resignation schleicht sich ein: »Ich kann es ja doch nicht ändern …«

Ärgern Sie sich nicht – oft leichter gesagt als getan. Doch kürzlich verriet mir meine Freundin Renate ein erstaunliches »Rezept«, das ebenso einfach wie wirksam ist. Wenn der Frust übermächtig zu werden droht, verordnet sich Renate einfach einen Tapetenwechsel. Dabei sucht sie Gegenden auf, in denen sie noch nie zuvor war.

Um trübe Stimmung garantiert aufzuhellen, bedarf es keineswegs einer aufwendigen Reise. Oft genügt schon ein Spaziergang durch ein Gebiet in Ihrer Stadt, das Ihnen noch völlig unbekannt ist. Gucken, staunen, überrascht sein – plötzlich ist man abgelenkt von dem Ereignis, das einen gerade noch so geärgert hat. Neue Eindrücke sind wie eine frische Brise. Sie zaubern den Frust weg und machen den Kopf frei. Und nicht selten wundert man sich plötzlich darüber, daß man sich wegen einer völlig unwichtigen Kleinigkeit so aus der Fassung bringen ließ.

Der nächste kleine Ärger – leider steht er uns allen irgendwann wieder bevor. Weil er zum Leben gehört und wir eben alle nur Menschen sind. Aber machen Sie es sich doch beim nächsten Mal auch ein bißchen leichter! Raus aus den vier Wänden, rein in neue, angenehme Situationen – und der Frust macht sich schleunigst aus dem Staub.

Die Sterne
lügen nicht?

»Es gibt mehr Dinge im Himmel und auf Erden, als unsere Schulweisheit sich träumen läßt«, hat schon Shakespeare gewußt. Vielleicht suchen wir auch deshalb so verzweifelt nach etwas, was uns hilft, uns selbst ein wenig besser zu verstehen. Viele Sinn-Fragen konnte die Wissenschaft bis heute nicht beantworten: Warum reagiere ich so? Warum werde ich von Schicksalsschlägen heimgesucht? Ist das alles nur Zufall?

Natürlich will niemand blind der Willkür des Augenblicks ausgeliefert sein. Deshalb lesen wir gern jeden Morgen in der Zeitung unser Horoskop, um uns auf das, was da kommen mag, vorzubereiten. Horoskope und mit ihnen der ganze Esoterik-Sektor erleben gerade in unserer heutigen Zeit einen ungeheuren Aufschwung. Wir sind beseelt von dem Gedanken, uns das Unerklärliche verständlich zu machen. Aus den allgemein gehaltenen Formulierungen der Tageshoroskope versuchen wir für uns persönlich etwas Positives herauszulesen.

Es gibt Menschen, die bei negativer Konstellation ihrer Sterne Besprechungen absagen oder nicht zur Arbeit gehen, den Kauf eines Autos verschieben oder eine Flugreise nicht antreten. So weit sollten wir uns nicht von den Sternen bestimmen lassen. Der Lebensweg eines Menschen ist keineswegs nur von den Gestirnen bestimmt. Wir sollten uns nicht blind auf sie verlassen, sondern lernen, daß die Gestirne uns lediglich einen Hinweis geben. Unseren Lebensweg müssen wir schon selbst gehen. Gewiß, die Sterne lügen nicht. Aber es liegt an jedem selbst, die Position »seiner« Sterne im Leben immer wieder neu zu bestimmen.

Zeigen Sie
Ihre Gefühle!

Große Gefühle haben wieder Saison. Denken Sie doch bloß einmal an das mit neun »Oscars« ausgezeichnete Wüsten-Epos »Der englische Patient«. Der Film heimste nicht so viele Auszeichnungen ein, weil er besonders hervorragende Tricks aufweisen konnte, sondern weil er uns in eindringlichen Bildern das Leben zeigte. Und zum Leben gehören nun mal auch Gefühle wie Liebe, Leidenschaft, Haß, Neid, Angst und Wut.

Doch wer traut sich heutzutage noch, seine inneren Regungen preiszugeben? Wer Gefühle zeigt, das haben wir seit frühester Kinderzeit gelernt, macht sich verwundbar. »Ein großer Junge/ein großes Mädchen wie du weint nicht!« sagen wir unseren Kindern. Doch was sollte daran schlecht sein, seinen Schmerz wie auch seine Freude zu zeigen? Wenn wir alles in uns »hineinfressen«, wird unsere Seele irgendwann von dem permanenten Überdruck krank. Wenn es uns schlecht geht, wissen wir oft gar nicht mehr, warum, so sehr haben wir uns schon von unseren Empfindungen entfremdet. Wir haben das Fühlen schlichtweg verlernt.

Gewiß, man kann auch beim Fühlen zuviel des Guten tun. Von einem Extremzustand der Seele in den nächsten zu fallen belastet mehr, als es guttut. Wer seine Gefühle auslebt, ohne Rücksicht auf Verluste, ist kein besonders empfindsamer, sondern nur ein sehr egoistischer Mensch. Da, wo unsere Emotionen andere verletzen, müssen wir eben Zurückhaltung üben.

Dennoch: Den meisten Partnerschaften würde es nicht schaden, wenn mehr Gefühle gezeigt würden. Schließlich kann unser Liebster doch nicht ahnen, was in uns vorgeht. Dazu müßte er schon Hellseher sein, oder?

Mütter und Töchter –
so nah und doch so fern

Meine Freundin und ihre Tochter saßen schon da, als ich kürzlich mit ihnen in einem Café verabredet war. Lächelnd sah ich, wie hingebungsvoll die Vierzehnjährige Schokoladeneis verspeiste. Spontan führte das Mädchen den Löffel zum Mund der Mutter, die genießerisch kostete. Ein Bild inniger Vertrautheit und Harmonie. Später erzählten mir beide, daß es zwischen ihnen in letzter Zeit so oft Streit gibt wie noch nie.

Mütter und Töchter – sie sind sich so nah und doch so fern. Beide träumen von dem Idealfall, gute Freundinnen zu sein: Die Tochter darf ein Leben lang auf die uneigennützige Hilfe der Mutter vertrauen, die dem Kind schmerzliche Fehler ersparen will. Ihr großer Erfahrungsvorsprung kommt ihr dabei zugute.

Doch das Mutter-Tochter-Verhältnis kann

auch getrübt sein. Dann nämlich, wenn sich das Mädchen anders entwickelt, als die Mutter es sich vorstellt. Die niedliche Kleine, die eben noch werden wollte wie die Mama, empfindet diese mit der Zeit als Rivalin im Kampf um die Liebe des Vaters. Und während der Pubertät wendet sich die Tochter vielleicht ganz von den Idealen der Mutter ab. Entschlossen geht sie ihren eigenen Weg, mag dieser auch noch so dornenreich sein. Es kommt zu heftigen Auseinandersetzungen. Jeder fühlt sich plötzlich unverstanden.

Doch es gibt einen Ausweg aus der Misere: Beide müssen aus ihren vertrauten Rollen schlüpfen, indem sie offene Gespräche führen. So kann die Tochter lernen, daß sie vom Wissen der Mutter profitiert. Und die Mutter wird überrascht sein von den unerwarteten Denkanstößen der Tochter.

Was ist ein
erfülltes Leben?

Sie tragen die feinsten Kleider. Sie haben den teuersten Schmuck. Luxusdomizile in aller Welt sind ihr Zuhause. Und während wir uns ein ganzes Jahr lang auf den wohlverdienten Urlaub freuen, scheinen sie ihr Leben lang nur Ferien zu machen. Geben wir's ruhig zu: So manches Mal, wenn uns Streß und Alltagssorgen plagen, blicken wir voller Neid auf die reichen Müßiggänger, die sich alles leisten können. Auf der Sonnenseite des Lebens zu stehen – wer hat noch nicht davon geträumt?

Dabei wissen wir es tief in unserem Inneren ganz genau: Grenzenloser Luxus hat nichts mit Glück zu tun. Keine Güter dieser Welt garantieren uns ein erfülltes Leben. Eine Freundin brachte diese Einsicht kürzlich auf einen einfachen Nenner, der genau den Punkt trifft: »Wozu die Superreichen beneiden? Warum einem Leben nachtrauern, das beim genaueren Hinsehen hohl und oberflächlich ist? Ich weiß, wo mein Platz ist, und nur das ist für mich wichtig.«

Zu wissen, wo der eigene Platz ist, zu spüren, wo man gebraucht wird, an sich selber zu glauben und Respekt vor sich selbst zu haben – das sind Werte, die ein erfülltes Leben ausmachen. Wer lernt, sich auf sein eigenes Ich zu besinnen und nicht nach dem scheinbar viel besseren Leben der anderen zu schielen, hat alle Voraussetzungen, glücklich zu werden. Schenken Sie sich beim nächsten Blick in den Spiegel doch einmal ein Lächeln und die Worte: »Ja, ich habe ein erfülltes Leben.«

Unsere Eßkultur
geht verloren

Kennen Sie das auch, liebe Leser: Sie gehen auf ein Volksfest, bestellen sich leckere Erbsensuppe – und bekommen das Ganze auf einem häßlichen Plastikteller serviert. Da vergeht einem doch gleich der Appetit!

Oder der Imbißstand um die Ecke: Ihre Currywurst und die Pommes liegen auf einem faden Teller aus Plastik herum, und zur Krönung bekommen Sie dann auch noch Messer und Gabel aus dem Kunststoffzeug. Egal, ob es sich um die »praktischen« Menüs für die Mikrowelle oder um das Essen im Flugzeug handelt, alles scheint heutzutage nur noch auf Plastik dargereicht zu werden. Wir sind von Kunstmaterial »umzingelt«.

Ein schleichender Prozeß verbannt unseren guten alten Porzellanteller immer mehr aus dem öffentlichen Leben. Die Massenversorgung und unsere hektische Gesellschaft haben zu diesem unerträglichen Wegwerfgeschirr geführt. Reinstopfen, satt machen – das ist alles, was zählt. Wir werden »abgefrühstückt« nach dem Motto: »Friß, Vogel, oder stirb«, der Genuß bleibt dabei auf der Strecke.

Wie anders wirkt da ein Essen, das uns von einem schön dekorierten Porzellanteller anlacht. Wie heißt es doch: Das Auge ißt mit. Appetitlicher, nicht so »tot« wie eine Mahlzeit à la Plastik und besser für die Umwelt ist Porzellan allemal. Stellen Sie sich doch bloß einmal die Berge an Wegwerfgeschirr vor, die wir jährlich fabrizieren …

Nein, mit Kultur hat so ein »Plastik-Essen« wirklich nichts mehr zu tun!

Müssen wir uns dem Mode-Diktat unterwerfen?

Kürzlich rief mich eine gute Freundin an und erzählte mir, daß sie einen Großteil ihrer Kleidung zur Sammelstelle des Roten Kreuzes gegeben hat. »Ich brauche einfach neue Sachen. Die Farben und Schnitte haben sich wieder total geändert«, begründete sie ihre Entscheidung.

Auf der einen Seite begrüße ich natürlich die Spendenbereitschaft meiner Freundin, auf der anderen Seite aber gibt mir ihr Verhalten auch zu denken. Da bestimmen ein paar Modezaren in Paris, Rom und London über den Geschmack von Millionen Menschen. Die Trends ändern sich dabei schneller als das Aprilwetter. Und viele machen mit, verschwenden ein Heidengeld für Schnickschnack, der sofort wieder »out« sein kann. Waren es gestern Miniröcke in Neonfarben, sind es heute Schlaghosen oder Hemden mit langen Kragen. Und was wird morgen der letzte Schrei sein? Das, was meine Freundin in die Sammlung gegeben hat?

Ich fände es klüger, sich von diesen Zwängen zu befreien. Beweisen wir nicht jeden Tag, daß wir genug Eigenständigkeit besitzen, die Probleme des Lebens zu meistern? Warum sollten wir uns nicht auch zu einer persönlichen Mode-Richtung bekennen, anstatt jeden »Wegwerf-Stil« mitzumachen? Über Geschmack läßt sich ja bekanntlich streiten. Vieles von dem, was man uns als todschick anpreist, ist an Durchschnittlichkeit nicht zu überbieten! Haben wir also den Mut zum eigenen Stil.

Jammern
hilft nicht

An der Feinkost-Theke im Kaufhaus: Die
drei elegant gekleideten Damen sind sich einig. »Also, das ist doch allerhand! Die Trüf-
feln sind schon wieder teurer geworden,
verehrte Frau Meyer-Lehnbach!« »Ja, ja«,
seufzt die zweite, »man muß ganz schön in
die Tasche greifen, wenn man sich ab und zu
ein bißchen Luxus gönnen will.« Die dritte
Dame nickt zustimmend, in der Hand eine
Schachtel exquisiter Pralinés. Eifrig versi-
chern sich alle drei, was man doch für ein
bißchen Luxus opfern muß. Da mischt sich
eine andere Kundin ein: »Warum jammern
Sie eigentlich? Sie haben sich ja nur das Al-
lerbeste ausgesucht, wie ich sehe. Also werden Sie sich den Luxus wohl auch leisten
können …«

Eine kleine Episode, die viel Wahres
zeigt. Wenn wir ehrlich sind, jammern wir

doch alle gerne ein bißchen – über die hohen Steuern, das schlechte Wetter, unsere Figur und über die Ungerechtigkeit in der Welt. Aber Jammern hilft uns überhaupt nicht weiter. Außerdem: Wer jammert, dem geht es meist gar nicht so schlecht. Ist Ihnen schon mal aufgefallen, daß die, die wirklich Grund zum Wehklagen hätten, es gar nicht tun? Wann sollte zum Beispiel eine Mutter dreier Kinder überhaupt Zeit zum Jammern haben? Zwischen Haushalt, Kindererziehung und Ehemann kommt sie gar nicht auf die Idee, sich über ihren mit viel Arbeit, Pflichten und Verantwortung ausgefüllten Alltag zu beklagen. Oder ein Pfleger, der in einem Pflegeheim für einen kargen Lohn rund um die Uhr hilfsbedürftige alte Menschen betreut.

Also, mal ganz ehrlich, liebe Leserinnen und Leser: Haben Sie Grund zum Jammern?

Immer dieser
Urlaubsstreß!

Es fängt ja schon Monate vor dem Urlaub an. Die Frage nach dem »Wohin« soll ganze Familien entzweit haben. Man wälzt Kataloge, sieht sich alles an und diskutiert nächtelang. Um danach wieder Kataloge zu wälzen, weil man sich für nichts entscheiden konnte. Sollte dieser natürliche Ausleseprozeß ohne Nervenzusammenbruch überstanden sein, kann direkt zur Planung geschritten werden. Das nächste Reisebüro wird zum Buchen geentert. Denkste! Natürlich ist das Top-Angebot längst ausgebucht. Aber davon läßt man sich nicht entmutigen: Wir wollen in Urlaub, koste es, was es wolle!

Es beginnt die lange Zeit des Wartens und Telefonierens mit dem Reisebüro. Schließlich der erlösende Anruf: Die Unterlagen sind da! Und dann kann es auch schon fast losgehen, doch vor das Verreisen hat der liebe Gott das Kofferpacken gesetzt. Und dabei ist der große Krach einfach unvermeidlich. Er ärgert sich darüber, daß Sie für jeden Tag ein Kleidungsstück einpackt, und Sie ist sauer, weil Er nur dumme Reden schwingt und nicht beim Packen hilft.

Der Tag der Abreise, endlich! Alles klar: Überweisungsaufträge sind erteilt, die Zeitungen abbestellt, der Hund hat einen Pflegeplatz im Tierheim, die Blumen sind gewässert und die Rolläden heruntergelassen. Jetzt kann es losgehen. Die Familie quetscht sich in den Wagen und beschließt, beim nächsten Mal doch nicht soviel mitzunehmen. Egal. Jetzt geht's zum Flughafen. Die Tochter ist quengelig, der Junior muß aufs Klo, und Papa hat schlechte Laune. So ein Quatsch! Man hätte ja auch ein Taxi nehmen können. Mutter faßt sich verzweifelt an den Kopf. »Kehr um! Ich glaube, ich habe die Herdplatte nicht ausgeschaltet …!«

Mein Friseur –
der billige Therapeut

Neulich beim Friseur wurde ich Ohren-
zeugin einer Unterhaltung, die mich sehr
nachdenklich gemacht hat. »Stellen Sie sich
vor«, sagte meine Sitznachbarin vertraulich
zu ihrer Friseurin, »da beugt sich dieser Kerl
über den Zaun und küßt das junge Ding –
mitten auf den Mund! Die war mindestens
zwanzig Jahre jünger als er. Ja, wenn die
Frau einmal zur Kur ist. Sonst spielt er immer den netten Nachbarn, und jetzt das …!«
Für meine Ohren waren diese weltbewe-
genden Neuigkeiten nicht bestimmt, aber
das schien die blondierte Dame nebenan
nicht im geringsten zu stören. Mir jedoch
war das Ganze ziemlich peinlich. Aus den
Augenwinkeln beobachtete ich die junge
Friseurin und ihre Reaktionen. Mit freund-
lichem Lächeln hörte sie sich alles an, mur-
melte hier und da ein »So?« und »Jaja« – und

dachte bestimmt an etwas ganz anderes. Wie oft sie heute schon dieses verschwörerische Lächeln aufsetzen mußte, habe ich mich gefragt. Wie oft wohl Frauen zu ihr kommen, um ihr Herz auszuschütten? Ein Friseur, sagt man, ist ein billiger Therapeut. Er hört sich alle Sorgen an, gibt Ratschläge und Tips – er ist da, und das ist das wichtigste. Professionelle Hilfe kann man nicht von ihm erwarten, aber das wollen viele Frauen auch überhaupt nicht. Sie wollen einfach mal loswerden, was sie auf dem Herzen haben.

Und das ist genau der Punkt, wo es kritisch wird. Denn genauso, wie ich den »Skandal« von der Dame nebenan gehört habe, kann auch jeder andere Dinge hören, die nicht für seine Ohren bestimmt sind. Das ist auch der Grund, warum ich meinem Friseur nie mein Herz ausschütten würde. Ich genieße lieber schweigend und warte auf die neue Frisur …

Es muß nicht
immer Spanien sein

Jetzt beginnt sie wieder, die Ferienzeit. Blechlawinen schieben sich über die Autobahn in Richtung Süden, vollbesetzte Flieger und Menschenleiber, die sich an Mallorcas Stränden braten lassen, gehören zum Alltag. Fernreisen sind etwas Schönes. Die Ferienprospekte mit azurblauem Meer und weißem Sand wecken unsere Sehnsucht nach der großen, weiten Welt – und nach einem unentdeckt gebliebenen Paradies. Doch im Zeitalter des Massentourismus werden diese »Gärten Eden« immer weniger. Außerdem muß man dazu nicht unbedingt in die Ferne schweifen.

Deutschland ist so schön, man muß es nur entdecken! Vom höchsten Norden bis in den tiefsten Süden findet man herrliche Fleckchen Erde. Ob nun die Insel Rügen mit ihren malerischen Kreidefelsen, die

Strände der Nordsee, die Mecklenburgische Seenplatte oder das wundervolle Bayern – Deutschland hat soviel Schönes zu bieten. Im Sommer kann man hierzulande eine herrliche Ferienzeit verbringen. Die Quartiere sind noch bezahlbar und längst nicht so überlaufen wie andernorts.

Wanderungen durch dichte Tannenwälder, der Duft von feuchtem Humus, der die Nase kitzelt, klare Gebirgsbäche, die fröhlich vor sich hin plätschern – Urlaub kann zum herrlichen Naturerlebnis werden.

Ich selbst liebe die Region um den Bodensee. Dort gibt es alles, was das Herz erfreut: ein reichhaltiges kulturelles Angebot, ein angenehmes Klima, viel Sonnenschein, ein wahres Blütenmeer und weiße Segelboote, die an Sommertagen ihre Kreise auf dem See ziehen. Wenn ich dann auf einer Wiese sitze und in die Sonne blinzele, denke ich mir jedesmal: Es muß wirklich nicht immer Spanien sein!

Liebe um
jeden Preis?

Eine gute Bekannte klagte mir kürzlich ihr
Leid: »Mir laufen dauernd die Männer weg.
Dabei gebe ich ihnen doch alles! Was ma-
che ich bloß falsch?« Immer wieder stelle ich
fest, daß einige Frauen Gefahr laufen, ihren
Partner mit Gefühl und Entgegenkommen
regelrecht zuzuschütten. Sie meinen es einfach zu gut und ersticken seine Zuneigung
durch eine zu hoch angesetzte Erwartungs-
haltung.

Liebe braucht viel Luft, um sich richtig
entfalten zu können. Die Sehnsucht nach
Wärme und Geborgenheit schlummert in
uns allen. Doch mit einer neuen Liebe muß
man so sorgsam umgehen wie mit einem
zarten Pflanzenkeim. Meiner Bekannten
war offensichtlich nicht bewußt, daß sie aus
egoistischen Motiven heraus handelte.
Denn für ihren Wunsch nach Zweisamkeit

war sie bereit, alles zu geben. Dabei wäre es zunächst viel wichtiger gewesen, ihren Auserwählten einmal genauer unter die Lupe zu nehmen. Kann man ihm wirklich vertrauen? Will er überhaupt eine feste Beziehung? Ist seine Liebe ehrlich, oder lügt er nur das Blaue vom Himmel? Leider treffen viel zu oft Menschen aufeinander, die gar nicht zusammenpassen. Da sie nicht allein sein wollen, lassen sie sich auf Bindungen ein, die von Anfang an zum Scheitern verurteilt sind. In ihrer großen Verzweiflung haben schon viele eine kurzfristige Leidenschaft mit aufrichtiger Liebe verwechselt.

Meiner Bekannten gab ich den Rat, ihre ganze Liebe symbolisch in ein gläsernes Gefäß zu tun und sie dann nach ausgiebiger Herzensprüfung wohldosiert weiterzugeben. Sie muß erst lernen, sich selbst zu akzeptieren, bevor sie innerhalb einer Partnerschaft ihren richtigen Platz finden kann.

Wie weit darf
Mißtrauen gehen?

Viele Menschen, denen man im Lauf des Lebens begegnet, scheinen eine unsichtbare Mauer um sich gebaut zu haben. Freundliche Worte quittieren sie mit Ablehnung, nette Gesten werden sofort als »gezielte Schmeichelei« ausgelegt. Wie schade! Mit ihrem ewigen Mißtrauen entziehen sich viele der Möglichkeit, positive Erfahrungen machen zu können. Sie gleichen einer verschlossenen Muschel, die nicht geknackt werden kann. Übertriebenes Mißtrauen blockiert und vergiftet die Seele, gesundes Mißtrauen dagegen schafft die notwendige Distanz zu den Dingen. Es ist sehr wichtig, zwischen beidem klar zu unterscheiden. Wer immer nur die Kehrseite der Medaille sieht, entwickelt sich zum Stachel im Fleisch seines Umfeldes. Wir alle machen im Laufe unseres Lebens auch schlechte Erfahrungen. Enttäuschung und Kummer gehören zum Leben einfach dazu. Doch man darf nicht der Gefahr erliegen, nach einer schlechten Erfahrung alles nur noch aus einem negativen Blickwinkel heraus zu bewerten. Man ist sonst versucht, sich abzugrenzen, und vereinsamt. Wer anderen nicht über den Weg traut, mißtraut am Ende auch sich selbst. Aus diesem Teufelskreis kommt man nur noch schwer heraus. Argwöhnischen Menschen müßte man eigentlich wünschen, daß sie auf Gleichgesinnte treffen, die ihnen einen Spiegel ihrer selbst vorhalten. Das kann in manchen Fällen abschreckend wirken und einen Sinneswandel zur Folge haben. Aber die Frage ist nicht nur, wie man mißtrauische Menschen ändern kann, sondern auch, wie man mit ihnen umgeht. Und da hilft meiner Meinung nach nur eines: eine gehörige Portion Humor!

Tiere als
Wegwerf-Ware

In jedem Sommer zur Urlaubszeit werden
wir mit unfaßbaren Meldungen und
schrecklichen Berichten konfrontiert: »Aus-
gesetzter Hund auf Autobahn überfahren«
oder: »Katze tagelang allein in Wohnung
eingesperrt«. Im Fernsehen brechen einem
Bilder von verwahrlosten Tieren fast das
Herz. Die Tierheime sind in der Ferienzeit
vollkommen überfüllt. Ich frage mich, wie
Menschen so herzlos sein können, ihr Haus-
tier für das Urlaubsvergnügen einfach weg-
zuwerfen wie ein Taschentuch. Haben sie
überhaupt nachgedacht, bevor sie sich die
Katze oder den Hund angeschafft haben?

Dabei gibt es nichts Schöneres, als nach
einem langen Arbeitstag schon an der
Haustür vom freudigen Gebell seines vier-
beinigen Hausgenossen begrüßt zu werden.
Ist es nicht wunderbar, wenn Bello mit

einem zufriedenen Seufzer seine kalte Schnauze auf unseren Hausschuh bettet und uns dabei aus großen treuen Augen anblickt? Ist es nicht herrlich, wenn sich Mieze mit behaglichem Schnurren an einem kalten Winterabend auf unserem Schoß friedlich einkuschelt?

Es ist für mich unvorstellbar, wie Menschen diese liebevollen Geschöpfe einfach einem ungewissen Schicksal überlassen können. Hilflos angebunden an einem Verkehrsschild oder ohne Futter in einer menschenleeren Wohnung. Verfolgt sie nicht im Schlaf der unglücklich fragende Blick aus Bellos Augen? Quält sie nicht Miezes verzweifeltes Miauen, während sie sich am Strand aalen? Wer Tiere wie Wegwerf-Ware behandelt, ist völlig verroht und abgestumpft. Wir dürfen niemals vergessen, daß jedes Lebewesen, egal ob Mensch oder Tier, eine Seele hat.

Wer nicht genießt,
ist ungenießbar

Kürzlich beobachtete ich auf einer Party, wie sich ein weiblicher Gast lediglich ein paar Salatblätter und Tomatenschnitze auf den Teller legte und mit einem Glas Mineralwasser »bewaffnet« wieder zum Tisch zurückging. Dabei gab es am Buffet wirklich wunderbare Dinge. Sicher: Diese Frau war gertenschlank, aber genoß sie ihr karges Mahl so wie die anderen Gäste die Entenbrust und die Schokocreme? Immer öfter beobachte ich, wie sich Menschen freiwillig kasteien. Sie quälen sich mit Diäten, nur um danach noch mehr zuzunehmen. Sie geben viel Geld für Diätpulver aus, über dessen Erfolg man streiten kann. Oder sie foltern sich nach Feierabend in Fitneßcentern, obwohl ihnen Sport eigentlich verhaßt ist. Ein Stückchen Schokolade? Undenkbar!

Kurzum: Sie versagen sich jeglichen Genuß, erheben die Askese zur einzig wahren Lebensform. Ich finde, Menschen, die nicht genießen können, verlieren mit der Zeit ihre lebensbejahende Ausstrahlung, neigen manchmal sogar zu Verbissenheit und Humorlosigkeit. Das Zauberwort heißt »Ausgewogenheit«. Zuviel Genuß ist genauso schädlich wie übertriebene Askese. Gesundheit fängt wie so vieles andere auch im Kopf an. Warum sollte man abends auf das Gläschen Wein verzichten? Und warum täuschen wir uns selbst mit Ersatz-Genüssen, nur weil die wenig Kalorien haben? Wer alles in Maßen genießt, schadet sich damit sicherlich nicht mehr als jemand, der auf Genuß völlig verzichtet. Schließlich machen die Sinnenfreuden das Leben doch erst richtig lebenswert. Oder?

Eine Familie gründen –
nicht mehr zeitgemäß?

Wenn ich an meine Kindheit denke, fallen mir ganz bestimmte Bilder ein. Wir feierten oft Feste, bei denen sich die ganze Familie traf. Die »Großen«, Eltern, Onkel, Tanten, Oma und Opa, plauderten angeregt, während wir »Kleinen« unter den Tischen Versteck spielten. Nach dem Krieg war der Zusammenhalt in den Familien groß. Jeder half jedem. Niemand war wirklich allein. Und heute? Ich habe manchmal den Eindruck, daß Frauen sogar dafür bestraft werden, wenn sie sich entscheiden, eine Familie zu gründen. Viele sind deshalb verunsichert und fragen sich, ob sie dieses »Projekt« überhaupt wagen sollen. Frauen, die für ihre Kinder den Beruf aufgegeben haben, werden oft wegen dieser Entscheidung belächelt: »Wie kann sie ihre Karriere bloß für die Familie opfern?«

Man hat uns Frauen anerzogen, auch im Beruf »unseren Mann« zu stehen. Eine Familiengründung kommt da vielen wie ein Rückschritt vor. Doch genau hier sollten wir umdenken. Frauen müßten für das Kinderkriegen belohnt und nicht gesellschaftlich ausgegrenzt werden. Mütter sollten stolz darauf sein, daß sie die große Verantwortung für ihr Heim und die Kinder so gut meistern. Eine Hausfrau hat einen ebenso anstrengenden Arbeitstag wie eine berufstätige Frau. Natürlich fordert das Leben in einer Familie auch eine gehörige Portion Kompromißbereitschaft und Toleranz. Genau diese Eigenschaften brauchen wir im täglichen Umgang miteinander. Nur in einem intakten Familienverband lernen wir alles, um für unser Leben in der Gesellschaft gewappnet zu sein. Ein Grund mehr, sich für die Familie zu entscheiden.

Auf meine
Nachbarin ist Verlaß

Das war ein Schreck! Da komme ich mit
meinem Koffer vom Flughafen, abgehetzt
und müde, und stelle fest, daß ich irgendwo
im Koffer meine Wohnungsschlüssel vergra-
ben habe. Was tun? In Gedanken sehe ich
mich schon im Treppenhaus mein Gepäck
ausräumen und nach dem verflixten Schlüssel suchen ... Doch soweit kommt es gar
nicht. Die Wohnungstür gegenüber öffnet
sich, und freundlich lächelnd sagt meine
nette Nachbarin: »Ach, den Schlüssel vergessen? Na, kommen Sie erst mal auf eine
Tasse Kaffee zu mir. Auf den Schreck haben Sie sich ein Stück Kuchen verdient.«
Ich hätte sie in diesem Moment umarmen
können!

Eine gute Nachbarschaft erleichtert das
Zusammenleben ganz gehörig. Wenn man in
einem Haus so nah »aufeinandersitzt«, ist es

wichtig, daß das Verhältnis zwischen den Leuten stimmt. Es geht nicht darum, daß uns mit der Nachbarin die dickste Freundschaft verbindet. Aber Vertrauen muß schon sein, damit das nachbarliche Miteinander funktioniert. Für den anderen dasein, mal mit Lebensmitteln aushelfen, wenn der eine nicht zum Einkaufen gekommen ist, oder im Urlaub den Briefkasten des Nachbarn leeren, das sind längst keine Selbstverständlichkeiten, sondern eben jene kleinen Gesten, die das Zusammenleben bereichern.

Nach der gemeinsamen Tasse Kaffee und einem Plauderstündchen haben wir zusammen nach meinem Haustürschlüssel gesucht. Ich hab' wirklich Glück gehabt mit meiner Nachbarin! Ich hoffe, daß ich ihr auch so eine gute Nachbarin bin: eine, auf die man sich jederzeit vollkommen verlassen kann.

Das Leben trägt uns
fort wie ein Fluß

Der Urlaub war wieder phantastisch. Man hat auch gleich nette Leute getroffen, die Grillabende am Strand waren sehr amüsant. Natürlich wurden am letzten Ferientag Adressen ausgetauscht, und alle waren sich einig: »Wir müssen uns unbedingt bald wieder treffen!« Mit ähnlichen Worten verabschiedet sich auch so mancher an seinem letzten Arbeitstag von den Kollegen im Büro oder bei den Nachbarn kurz vor dem Auszug. »Ihr habt ja meine Telefonnummer, ruft einfach an!« Doch meistens verliert man sich schnell aus den Augen. Der Alltag läßt die Erinnerungen an den Urlaub rasch verblassen. Mit den neuen Kollegen oder Nachbarn hat man sich auch bald angefreundet. Die veränderte Lebenssituation trägt uns fort wie ein Fluß. Die Eindrücke der neuen Umgebung überlagern schnell die Erinnerung an die Vergangenheit. Eine ganz natürliche Entwicklung. Und ehe man sich versieht, sind Monate vergangen, ohne daß man auch nur einmal zum Telefonhörer gegriffen hat. Die Gemeinsamkeiten mit den Menschen aus unserer früheren Umgebung nehmen in demselben Maße ab, wie wir uns im neuen Umfeld einleben. Manchmal scheitert die Kontaktaufnahme auch schlicht an Zeitmangel, wenn man sich beispielsweise um einen Pflegefall in der Familie kümmern muß. Trifft man dann die ehemaligen Nachbarn zufällig beim Einkaufsbummel, braucht man kein schlechtes Gewissen zu haben. (Im übrigen: Die hätten sich ja auch melden können.) Es ist einfach nicht möglich, zu allen Menschen, die man im Lauf des Lebens kennenlernt, den Kontakt aufrechtzuerhalten.

Überraschungsgäste –
nur keine Panik!

Das ist doch sicher jedem von uns schon mal passiert: Mitten im Alltagstrubel läutet es, und Besuch steht vor der Tür. Onkel Horst und Tante Marie! Man hatte die beiden schon oft eingeladen, aber im Moment ist es einfach äußerst ungelegen. Das Auto muß dringend in die Werkstatt. Außerdem steht der Wochenendeinkauf auf dem Plan. In der Küche stapelt sich das Geschirr, und überhaupt – es paßt eben einfach nicht.

Und genau das passierte mir letzte Woche. Ich habe mich zwar wahnsinnig gefreut, als Erika und Heinz aus Wien plötzlich vor meiner Haustür standen. »Schön, euch wiederzusehen!« begrüßte ich sie. Aber in meinem Kopf begann es zu arbeiten: Die zwei hatten die lange Reise auf sich genommen, um mich zu überraschen – und ich hatte einen wichtigen Termin. Wie das alles unter einen Hut bringen? Spontan entschloß ich mich, meine Gäste einfach »zur Arbeit« in das Hörfunkstudio mitzunehmen. Beide hatten dort richtig Spaß, während ich mein Interview absolvierte. Erika durfte sogar zur Probe ins Mikrofon sprechen, Heinz bestaunte das technische Inventar des Studios. Nach der Arbeit überraschten mich meine Freunde mit einem tollen Essen, das sie nach einem Einkaufsbummel bei mir zu Hause zubereiteten. So hatten wir für die restliche Dauer ihres Besuches genügend Zeit für Gespräche und Stadtbesichtigungen.

Ich finde es schön, wenn sich meine Gäste aktiv an meinem Leben beteiligen. Neben der Zeitersparnis hat die »Arbeitsteilung« noch ein weiteres Gutes: Aus Gast und Gastgeber wird durch die gemeinsame Tagesplanung schnell so etwas wie eine »Familie auf Zeit«.

Ich hab' Falten –
na und!

Neulich traf ich eine Jugendfreundin in der Stadt. Sie sah hervorragend aus. »Dabei bin ich schon fünfundfünfzig!« sagte sie strahlend. Und dann erzählte sie mir, wie sie an ihrem Geburtstag vor dem Spiegel stand. »Wieder zwei Falten mehr«, war ihr Resümee. Doch kaum hatte sie der verlorenen Jugend nachgetrauert, stand ihr Mann hinter ihr, grinste und meinte: »Aber Liebling, du hast doch gar keine Falten, allerhöchstens Lachfältchen!«

Ihr Mann hatte sie davon überzeugt, daß Falten gar nicht so schlimm sind. Schließlich steht jede Falte auch für gelebtes Leben. Unser gesellschaftlicher Jugendkult trägt manchmal absurde Früchte: Da laufen Sechzigjährige herum, die aussehen, als seien sie ihre eigenen Enkel. Nichts gegen Lifting, wohlgemerkt, das muß jeder für sich selbst entscheiden. Aber warum können wir nicht zu unserem Alter stehen und sagen: »Ich hab' Falten – na und!« Schönheit hängt nicht nur mit glatter Haut zusammen, sondern bedeutet in erster Linie Ausstrahlung, im Einklang mit sich zu sein und das Leben zu bejahen.

Natürlich gibt es schöne und häßliche Falten. Kaum einer wird etwas gegen Lachfältchen haben. Heruntergezogene Mundwinkel und tiefe Zornesfalten sagen aber etwas über die Lebenseinstellung eines Menschen aus. Mein »Schönheitsrezept« ist deshalb ganz einfach: ein bißchen Optimismus, etwas Pflege, eine vernünftige Ernährung, viel Wasser trinken und für genügend Schlaf sorgen. Dann sind Falten kein Problem mehr.

Im übrigen käme man bei den Herren der Schöpfung ja auch nicht auf die Idee zu sagen: »Hast du aber Falten!«

Schlechte Laune
muß nicht sein

Das ist mal wieder einer dieser Tage, an denen man aus der Haut fahren möchte. Nur
Ärger im Beruf, kilometerlanger Stau auf
der Autobahn, eine unfreundliche Bedie-
nung im Supermarkt … Dann kommt man
nach Hause, müde, genervt und brummig.
Und was muß man vom Göttergatten hören:
»Jetzt nimm dich doch mal ein bißchen zusammen!« Na prima, damit sinkt unsere
Stimmung gleich noch etwas tiefer in den
Keller!

Wenn man schlechte Laune hat, kann
man eines nun wirklich nicht ertragen: die
wohlgemeinten Ratschläge lieber Mitmenschen. Denn im Grunde wissen wir ja
selbst, daß wir uns zusammenreißen müssen, daß wir nicht unsere miese Stimmung
an anderen auslassen sollen. Unser innerer
Druck wächst. Einerseits würden wir gerne

alles im Griff haben, andererseits fühlen wir uns im Moment äußerst bescheiden. Was also tun?

Zunächst ist es wichtig zu erkennen, warum man schlechte Laune hat. Was sind die Ursachen dieses Seelenzustandes: Schmerzen, Probleme, Ärger oder Sorgen? Wenn man das für sich geklärt hat, kann man wirksame »Gegenmaßnahmen« ergreifen. Um wieder das innere Gleichgewicht zu finden, hilft es in den meisten Fällen, sich etwas Gutes zu tun. Gehen Sie spazieren, kaufen Sie sich ein leckeres Eis oder eine wunderschöne, langstielige Rose, nehmen Sie sich ein Buch und setzen sich für eine Stunde zum Lesen in den Park. Die trüben Gedanken sind dann sehr schnell verflogen. Wenn wir etwas Schönes erfahren, spüren wir plötzlich wieder, daß nicht alles um uns herum negativ ist – und daß schlechte Laune wirklich nicht sein muß!

Traditionen pflegen
um jeden Preis?

Traditionen sind ein fester Bestandteil unseres Lebens. Wir lieben und pflegen sie, auch wenn wir den Ursprung so mancher Bräuche gar nicht mehr kennen. Wieso stellen wir uns beispielsweise zu Weihnachten einen Tannenbaum ins Wohnzimmer? Warum bringt man den neuen Nachbarn beim ersten Besuch Brot und Salz mit? Obwohl wir die Symbolik manchmal nur noch erahnen, halten wir dennoch an so manch liebgewonnenem Ritual fest. Denn es vermittelt uns ein Gefühl der Geborgenheit und Sicherheit und verbindet die unterschiedlichsten Menschen miteinander. Traditionen werden von Generation zu Generation weitergegeben und erzählen von längst vergangenen Zeiten, zu denen uns sonst jeglicher Bezug fehlen würde. Besonders Feiertage oder Umzüge in historischen Trachten sind eng an überlieferte Gepflogenheiten gebunden. Um so schlimmer, wenn sie verlorengehen, weil ihre bildhafte Symbolik von den Menschen nicht mehr verstanden wird. Nicht minder traurig ist es, wenn Traditionen zu einem blutleeren Regelwerk erstarrt sind. Es gibt Bräuche und Rituale, deren Sinn sich im Laufe der Zeit einfach überholt hat und die deshalb nicht mehr in unsere Welt passen. Denn auch Traditionen müssen mit den Menschen mitwachsen, sie dürfen ihnen nicht hinderlich im Wege stehen. In meiner Jugend galt es zum Beispiel als unschicklich, Freunden zum Geburtstag Besteck zu schenken. »Das bringt Unglück«, hieß es. Diese Symbolik mag früher einmal eine tiefere Bedeutung gehabt haben – heute lächeln viele darüber. Tradition um jeden Preis – das muß nicht sein.

Typisch deutsch –
gibt's das überhaupt?

Von Kindesbeinen an bringt man uns bei, daß jede Nation ganz spezielle Eigenschaften besitzt. Demnach leben beispielsweise in Frankreich ausnahmslos Genießer, in England nur Menschen mit schwarzem Humor … Wir Deutschen wiederum sind mit den Tugenden »pünktlich« und »fleißig« belegt – Eigenschaften, auf die wir eigentlich stolz sein könnten. Doch viele Deutsche haben ein Problem, zu ihrer Nationalität zu stehen. Aufgrund der Ereignisse im Dritten Reich empfinden sie bis heute eine Kollektivschuld, die es ihnen schwermacht, ein unverkrampftes Verhältnis zu ihrem Land zu haben. Wir dürfen dieses schlimme Kapitel unserer Geschichte niemals verdrängen. Aber wir sollten auch nicht vergessen, daß zu Deutschland weit mehr gehört als diese schreckliche Zeit. Schließlich sind wir eine

Nation, die eine große Zahl weltberühmter Künstler hervorgebracht hat. Dichter wie Goethe und Schiller, Maler wie Menzel und Nolde, Musiker wie Beethoven und Brahms. Es ist für jeden einzelnen wichtig, eine positive Einstellung zu unserer Nationalität aufzubauen. Wir brauchen kein übertriebenes, sondern ein selbstbewußtes Verhältnis zu unserer Herkunft, frei von Angst oder gar Scham. Ich bin der festen Überzeugung, daß wir gerade im Ausland einiges dazu beitragen können, das Bild vom »typischen Deutschen« zu korrigieren, das manchmal doch noch etwas negativ ausfällt. Eines ist ganz klar: Nur mit Hilfe gegenseitigen Respekts und mit Höflichkeit trägt man dazu bei, daß Vorurteile verschwinden. Und wer will schon, daß es heißt: »Typisch deutsch. Was er nicht kennt, akzeptiert er nicht!«

Wer zuviel plant,
vergißt das Leben

Eine gute Freundin von mir hat eine ganz spezielle Eigenschaft: Sie organisiert ihr Leben bis ins letzte Detail. Dabei bezieht sie natürlich auch ihre Familie mit ein. Heirat, Hausbau, Anzahl der Kinder – alles wurde präzise geplant. Bis ihr die achtzehnjährige Tochter eines Tages sozusagen einen Strich durch die Rechnung machte, indem sie schwanger wurde. »Entsetzlich«, klagte meine Freundin. »So was war nicht einkalkuliert!« Doch seit ihr Enkel da ist, kann sie sich ein Leben ohne ihn nicht mehr vorstellen. Das erste Mal in ihrem Leben mußte sie gewohnte Pfade verlassen und Neuland betreten. Dabei machte sie glücklicherweise die Erfahrung, daß das Leben deshalb nicht gleich ins Chaos stürzt. In diesem Zusammenhang muß ich oft an Bertolt Brecht denken, der schrieb: »Ja, mach nur einen Plan, sei nur ein schlaues Licht. Und mach dann noch 'nen zweiten Plan, geh'n tun sie beide nicht …« Sicher ist eine Planung nötig, um die vielen Verpflichtungen des Alltags in den Griff zu bekommen. Aber viele meinen, auch darüber hinaus ihr Leben in ein starres Korsett zwängen zu müssen. Wer alles verplant, läßt spontanen Erlebnissen keinen Spielraum mehr. Und jeder Tag ist doch gerade aus dem Grund so spannend, weil wir nie wissen, was morgen auf uns zukommen könnte. Das Leben ist wie ein Fluß, den man durch zuviel Planung an den Rändern zubetoniert. Übereifrige Planer wundern sich dann, wenn es eine Überschwemmung gibt und sie mit nassen Füßen dastehen. Das Leben läßt sich eben nicht zähmen. Es läßt sich auch nicht in Terminkalender zwingen. Freuen wir uns also auf die täglichen Überraschungen, die das Schicksal zu bieten hat.

Herbst –
ein Fest für die Sinne

Eifrig bückten sie sich und sammelten Kastanien im Park. Die beiden älteren Herren hatten schon fast eine Tüte voll. Auch ich wollte diesen wunderbaren Herbsttag nutzen und meinen jüngeren Kollegen ein Andenken von Mutter Natur mitbringen. Ich ging hinüber zu den fleißigen Sammlern und fragte sie, wofür sie denn so viele Kastanien brauchten. »Na, da gießen wir Schnaps drüber und machen Kastanienextrakt draus«, war die knappe Antwort. »In der Apotheke ist das nicht gerade billig. Da sparen wir ganz schön Geld«, ergänzten sie lachend.

Auch die vermeintlich »trübe« Jahreszeit hat ihre schönen Seiten. Jetzt werden in Wald und Feld die Früchte geerntet – ein reich gedeckter Gabentisch wartet auf uns. Maronen, Pilze und neuer Wein, Äpfel, Birnen und Trauben versüßen uns die kürzer werdenden Tage. Jetzt hinaus in die Natur! Ein Spaziergang unter dem bunten Blätterdach der Bäume hellt unsere Stimmung ganz schnell auf. Der Herbst ist doch nicht nur regennaß und kalt, das herannahende Ende des Jahres. Der Herbst ist doch auch Farbenrausch, wärmende Sonnenstrahlen und Vorfreude auf Weihnachten. Wir sollten diese Jahreszeit nicht versäumen und daheim im stillen Kämmerlein Trübsal blasen. Erfreuen wir uns doch lieber an den letzten Geschenken der Natur vor ihrem Winterschlaf. Kommen wir nach den Ablenkungen des Sommers innerlich nun wieder zur Ruhe. Der Herbst ist ein Fest für die Sinne – lassen Sie ihn uns genießen! Ein leckeres Essen an einer laubgeschmückten Tafel und ein herbstlicher Beerenstrauß bringen uns schon in die richtige Stimmung.

Die nächste Grippe
kommt bestimmt

Achtung, es geht wieder los: Man kommt morgens munter ins Großraumbüro, und – haaatschiiii! – schon fliegen sie wieder, die Bazillen. Die feucht-kalte Witterung tut ein übriges. Ringsum scheinen im Augenblick alle erkältet zu sein. Die Schniefnasen leuchten mit den Weihnachtssternen um die Wette, und die Papiertaschentücher-Industrie fährt saftige Gewinne ein. Herbstzeit ist Grippezeit. Gerade im Großraumbüro ist Vorsicht geboten. Wer sich bereits einen Schnupfen eingehandelt hat, seine gebrauchten Taschentücher überall liegen läßt und wild in der Gegend herumniest, braucht sich nicht zu wundern, wenn er in kürzester Zeit alle angesteckt hat. So ein »Bazillensegen« wird dann nämlich gleichmäßig auf alle Kollegen verteilt. Aber wer will schon gern Landeplatz für die Bazillen anderer sein? Deshalb heißt es in der »gefährlichen« Jahreszeit, der Grippe mit ein paar Tricks vorzubeugen.

Spaziergänge an der frischen Luft versorgen den Organismus mit Sauerstoff und stärken die Abwehrkräfte. Der Gang in die Sauna hilft abzuhärten. Wechselduschen, warme Fußbäder, eine vitaminhaltige Kost und genügend Schlaf sorgen dafür, daß der wettergestreßte Körper im Gleichgewicht bleibt. Und für diejenigen, die viel mit Menschen zusammenkommen, gibt es Grippeschutzimpfungen.

Sollte es einen trotz bester Vorsorge doch erwischt haben, hilft meist nur eines: Nicht verschnieft ins Büro kommen, das wäre falschverstandener Heldenmut, sondern erst mal ab ins Bett und auskurieren. Im übrigen sehen Helden mit roten Schnupfennasen ziemlich komisch aus.

Brauchen wir alles, was wir haben?

Nach Höherem zu streben ist ein lobenswertes Ziel. Wir alle sind darum bemüht. Unsere Bestrebungen werden allerdings dann fragwürdig, wenn sie sich ausschließlich auf die Verbesserung unserer materiellen Wünsche beschränken. Vielen wird bereits im Kindesalter vermittelt, daß nur der glücklich ist, der von allem das Teuerste besitzt. Schon im Kindergarten geht es beim Spielzeug oft nur um die Frage: »Welche Marke?« In der Schule das gleiche Spiel: Nur der teuerste Schulranzen kann da vor den kritischen Blicken der Mitschüler bestehen. An der Universität darf man die Kommilitonin ruhig mit dem Porsche nach Hause fahren. Das erste mühsam zusammengesparte Auto wird schnell gegen ein größeres ausgetauscht. Im Büro in der Chefetage sollte es schon ein Schreibgerät aus

Gold sein. Die Zwei-Zimmer-Wohnung weicht der Eigentumswohnung, und wenn erst die Familie da ist, muß es ein Haus sein. Möglichst luxuriös. Goldene Wasserhähne dürfen es auch sein, damit man etwas zum Vorzeigen hat. Zweifellos trägt die Werbung einen Großteil zu dieser Entwicklung bei. Doch materieller Wohlstand ist sinnlos, wenn nicht auch geistige Werte in unserem Leben eine Rolle spielen. Viel zu oft kaufen wir uns Dinge, ohne darüber nachzudenken, ob wir sie wirklich brauchen. Wäre es nicht eine viel schönere Idee, die Familie zu Weihnachten mit einem (am besten selbstverfaßten) Gedicht zu überraschen? Haben wir nicht alle Interessen, die wir viel zu oft vernachlässigen? Dabei können zum Beispiel ein gutes Gespräch oder ein schönes Buch ein wertvolles Gegengewicht zu den materiellen Dingen des Lebens sein.

Liebe geht durch
den Magen

Mißmutig kommt der Liebste nach Hause. Wieder einmal ein anstrengender Tag im Büro – die Laune des Göttergatten ist entsprechend mies. Aber zum Glück gibt es ja ein Zaubermittel, das immer wirkt. Gegen schlechte Laune, Arbeitsfrust und chronische Büromüdigkeit hilft nur eines: sein Lieblingsessen!

Kaum stehen die dampfenden Teller auf dem Tisch, und der köstliche Geruch der Speisen durchzieht die Wohnung, hellt sich auch schon die finstere Miene des Angetrauten auf. Die kleine Geste ist es, die ihm zeigt: »Ich habe an dich gedacht und kümmere mich gern um dich.« Seine Leibspeise zu kochen ist eine Liebeserklärung, die vom Partner mit allen Sinnen aufgenommen und genossen werden kann. Eigentlich ist es so einfach, dem anderen etwas Gutes zu tun.

Aber in der täglichen Hektik verlieren wir oft den Blick für das Wesentliche. Alles muß heute schnell gehen. Deshalb ist es ja auch so bequem, rasch ein Fertiggericht zusammenzubrutzeln oder die Mikrowelle anzuwerfen. Wir haben uns mit so vielen anderen Verpflichtungen belastet, daß wir den »Dienst in der Küche« nur noch als lästiges, zeitraubendes Übel ansehen. Daß sich mit der Nahrungszubereitung aber auch noch sehr viel mehr verbindet, nämlich der Wunsch nach Harmonie, Nähe zum Partner und Wertschätzung seiner Wünsche, vergessen wir in unserer Zeit völlig.

Mit einem schönen Essen kümmern wir uns ganz direkt um das Wohlbefinden unseres Liebsten. Warum das alles nur am Hochzeitstag oder am Valentinstag zelebrieren? Wieviel Weisheit liegt doch in dem guten alten Sprichwort: Liebe geht durch den Magen!

Wenn die Tage
kürzer werden ...

Herbst und Winter lösen nicht bei allen Menschen positive Gefühle aus. »Beim Aufstehen ist es finstere Nacht, beim Nachhausekommen auch«, klagen viele. »Kein Wunder, daß man vom Daheimherumsitzen Depressionen bekommt!«

Dabei vergessen die meisten: Wenn die Tage kürzer werden, hat das auch seine guten Seiten. Die Dunkelheit bringt uns automatisch dazu, uns von der Welt da draußen zurückzuziehen. Eine durchaus »natürliche« Reaktion. Tiere halten Winterschlaf, der Mensch »verkriecht« sich in seine vier Wände, wird häuslicher. Jetzt ist die beste Zeit, um Ruhe zu finden, um in sich zu gehen und Rückschau zu halten. Kein Wunder, daß gerade die Zeit um Weihnachten auch immer eine Zeit der inneren Besinnung und Einkehr ist. Ein Jahr geht zu

Ende, man hält einen Moment inne und fragt sich: Was habe ich bis heute erreicht? Was sind meine Pläne für die Zukunft?

Diese innere »Bestandsaufnahme« geht mit einer äußeren einher. Jetzt drängt es uns häufig dazu, Ordnung zu machen, unser Zuhause so wohnlich wie möglich einzurichten. Das Bedürfnis nach Nähe und Wärme bestimmt nun hauptsächlich unser Handeln. Wir entzünden ein Feuer im Kamin, sitzen mit der Familie und Freunden bei Kerzenlicht. Die Kälte draußen bringt uns zum »Zusammenrücken«, im übertragenen wie im eigentlichen Sinn. Und was gibt es Schöneres, als sich eng an den geliebten Partner zu kuscheln und die Welt zu vergessen? Ja, die Tage werden jetzt zweifelsohne immer kürzer und die Nächte länger, und das kann auch ein Erlebnis besonderer Art sein ...

Warum denn gleich in die Luft gehen?

Warum denn so verbiestert? Ein Lächeln kann alles verändern. Der eben noch graue Haushaltsalltag wird plötzlich wieder farbenfroh. Da pfeift der Schnellkochtopf in schrillen Tönen, da brennt das Bügeleisen gerade ein Loch in die Seidenbluse, und Klein-Tobias ist seit zehn Minuten verdächtig still. Die junge Mutter hetzt in die Küche, um zu retten, was zu retten ist. Irgend etwas liegt im Weg – ehe sie sich versieht, landet sie unsanft auf dem Allerwertesten. Mühsam rappelt sie sich auf, will gerade losschimpfen.

Da erscheint Klein-Tobias im Türrahmen. Was macht Mami auf dem Boden? »Ach, da ist ja mein Bärli!« kräht der Kleine mit treuem Augenaufschlag und zeigt auf den Übeltäter, der sie zu Fall gebracht hat. Mutters Wut ist auf einmal wie weggeblasen, die schmerzende Kehrseite vergessen. Ein Lächeln huscht über ihr Gesicht. Einem fragenden Kinderblick kann selbst das wütendste Mutterherz nicht widerstehen.

Mit einem Lächeln geht eben alles viel leichter. Das haben jetzt auch die Manager großer Kaufhäuser entdeckt. Sie wollen, daß Verkäuferinnen künftig lächelnd und freundlich ihre Kunden bedienen. Übrigens: Wußten Sie, daß man zum Lächeln weniger Gesichtsmuskeln bewegt als für eine ernste Mimik? Warum also so verkrampft in die Welt sehen und wegen jeder Kleinigkeit in die Luft gehen? Entdecken Sie doch einmal Ihr Lächeln. Und denken Sie daran: Ein Lächeln bringt soviel Wärme – und kostet wenig!

Jetzt kommt
die schöne Zeit des Wartens

Millionen Kinder zählen schon die Stunden: Nur noch dreimal schlafen, dann darf die erste Kerze auf dem Adventskranz angezündet werden. Die schöne Zeit, die stille Zeit, jetzt ist sie da. Und nicht nur die Augen der Kinder strahlen – der besinnliche Advent bringt auch Licht und frohe Erwartung in die Herzen von uns Erwachsenen.

Bekanntlich leitet sich das Wort »Advent« von dem lateinischen »advenire« ab und bedeutet »ankommen«. Die christliche Welt bereitet sich auf die Geburt des Erlösers Jesus vor, Gottes barmherziger Sohn, bei dem wir Menschen Zuflucht suchen. Warten auf die Ankunft des Herrn – eine ganz besondere Zeit.

Der Advent zeigt uns, daß Warten schön sein kann. Das ganze Jahr über geht uns alles nicht schnell genug. Warten macht uns oft ungeduldig. Aber wenn die Familie jetzt abends beim Kerzenschein zusammensitzt, Geschenke bastelt und der köstliche Duft von Lebkuchen, Plätzchen und Glühwein durch die Räume zieht, dann fühlen wir uns geborgen. Und wir sind überrascht, wie schön die Zeit des Wartens doch sein kann.

Advent, Advent, ein Lichtlein brennt: Der Schein der Kerzen auf dem Adventskranz übt einen geheimnisvollen Zauber auf uns aus. Die Tage sind kürzer, die Abende länger geworden. In keinem anderen Monat des Jahres fühlen wir uns schönen Traditionen mehr verbunden: Wir naschen Teig, wir zaubern Weihnachtsgebäck, und wir machen uns Gedanken, was wir unseren Lieben schenken wollen. Wer wartet, wird ruhig, ruht in sich. Welch kostbares Innehalten in unserer atemlosen Zeit.

Verschenken Sie doch mal Ihre Zeit

Die Einkaufspassagen in den Innenstädten erstrahlen wieder in weihnachtlichem Glanz. Tausende Lichter erinnern daran, daß das Fest der Liebe näher rückt. Überall duftet es nach Lebkuchen und Glühwein, die Lautsprecher der Kaufhäuser verbreiten weihnachtliche Klänge. Doch in welch krassem Gegensatz dazu die hektischen Menschen, die mit angespannten Gesichtern durch die Geschäfte rennen. Alle Jahre wieder getrieben von der Frage: »Was schenke ich nur zu Weihnachten?«

Die Bedeutung des Schenkens – wie sehr hat sie sich doch verändert. Schenken ist schwierig geworden. Wir lassen uns hineinziehen in den Sog des Konsumterrors. Oft geben wir mehr Geld aus, als wir wollen oder können, weil Tante Yvonne nun mal was ganz Teures erwartet. Auch bei Onkel

115

Werner dürfen wir uns nicht lumpen lassen, denn schließlich war sein Weihnachtsgeschenk für uns im letzten Jahr viel kostspieliger als unsere »Gegenleistung«. Und was um Himmels willen kriegt das Kind von Tante Stefanie, das wirklich schon alles hat?

Vielleicht sollten wir in diesem ganzen Weihnachts-Streß mal einen Augenblick innehalten und uns die Frage stellen: Welches Motiv bewegt mich beim Schenken? Müssen es Gaben der Superlative sein? Oder geht es auch anders?

Zeit ist eine Kostbarkeit, von der wir alle meistens zuwenig haben. Wir sehnen uns danach, daß sich jemand Zeit für uns nimmt. Darum: Schenken Sie zu Weihnachten doch einfach mal Ihre Zeit! Ein paar Stunden, vielleicht sogar einen Tag. Kann sein, daß Ihre Lieben dann sagen, sie hätten schon lange nicht mehr etwas so Schönes geschenkt bekommen …

Schöne
Bescherung

Das Fest der Liebe – jetzt steht es wieder vor der Tür. Frieden liegt in diesen Tagen über der Welt. Familien rücken näher zusammen, freuen sich auf die gemeinsamen Festtage. Und doch: Gerade über Weihnachten ereignen sich in unserem Umfeld oft unvorstellbare Tragödien.

Alle Jahre wieder lesen wir die Schreckensberichte in den Zeitungen: Unbescholtene Familienväter rasten über Weihnachten aus, weil ihnen die Kinder auf die Nerven gehen. Wir hören, daß in der Wohnung des Nachbarn ein heftiger Ehestreit entbrannt ist. Wir erfahren, daß nach Weihnachten ungewöhnlich viele Paare die Scheidung einreichen.

Tobende Väter, weinende Mütter, verängstigte Kinder – und alle wollten doch nur eine schöne Bescherung unter dem

Christbaum. Warum verlieren ausgerechnet während der Weihnachtsfeiertage immer mehr Menschen die Nerven? Ein Phänomen, das nur auf den ersten Blick erstaunlich ist. Psychologen haben herausgefunden: Die Ursache vieler Tragödien ist die Tatsache, daß wir oft zuviel voneinander erwarten und es einfach nicht mehr gewohnt sind, Zeit füreinander zu haben.

Das ganze Jahr über sind wir damit beschäftigt, den Alltag zu meistern. Konflikte werden oft verschwiegen, verdrängt, verharmlost, beschwichtigt. Dann ist Weihnachten da, und wir sind näher beieinander als sonst. Ein mißverständlicher Ton, ein falsches Wort, und plötzlich entladen sie sich, die unausgesprochenen Konflikte, die lange aufgestauten Aggressionen.

Wir sollten deshalb schon das ganze Jahr über näher zusammenrücken, damit Weihnachten wirklich ein Fest der Liebe wird.

Die guten
Vorsätze

Wieder geht ein Jahr zu Ende, und in seinen
letzten Stunden lassen wir Tage, Wochen
oder Monate gern noch einmal in Gedanken an uns vorüberziehen. Manchen hat es
Glück gebracht, anderen vielleicht nicht.
Wir mußten die eine oder andere Illusion
begraben, haben dafür aber ein paar neue
Träume hinzugewonnen. Und wenn wir in
der Silvesternacht die Sektgläser klingen
lassen, dann steigt Punkt Mitternacht mit
den Böllern auch die Hoffnung gen Himmel, daß im nächsten Jahr alles viel besser
wird.

Jedes Jahr ist wie ein Neubeginn. Voller
Tatendrang blicken wir zuversichtlich nach
vorn und versuchen alles hinter uns zu lassen, was uns belastet hat oder was uns nicht
geglückt ist. Ob Liebe, Beruf oder Gesundheit – ein neues Jahr ist wie eine neue

119

Chance. Und immer wieder nehmen wir uns vor, ein »neuer« Mensch zu werden und alles besser zu machen.

Die Liste der guten Vorsätze ist lang: Wir wollen uns das Rauchen abgewöhnen und gleichzeitig abspecken, uns mehr Zeit für die Familie nehmen, für die Freunde und auch für uns selbst. Wir wollen sparsamer haushalten, eine längst fällige Versöhnung herbeiführen und nicht mehr so viele Stunden vor dem Fernseher verbringen. Ja, was wir alles wollen …

Dabei könnte weniger doch so viel mehr sein. Ein einziger in die Tat umgesetzter Vorsatz – und wir alle wären schon einen Schritt weiter.

Sich kein Versprechen mehr aufzuerlegen, das man nicht wirklich einhalten kann, wäre das nicht auch schon ein guter Vorsatz? Oder: Nichts Unmögliches von sich zu verlangen. Dann würden wir vielleicht auch nichts Unmögliches mehr von den anderen verlangen …